新 JLPT 출제기준 반영

일본어 능력시험 필수 단어 이거 하나면 끝!

NEW JLPT LEVEL 4·5
N4 N5

황요찬 지음

동양북스

초판 3쇄 | 2017년 5월 10일

지은이 | 황요찬
발행인 | 김태웅
편집장 | 강석기
편　집 | 신선정
디자인 | 방혜자, 성지현, 이미영, 김효정
마케팅 총괄 | 나재승
마케팅 | 서재욱, 김귀찬, 이종민, 오승수, 조경현
온라인 마케팅 | 김철영, 양윤모
제　작 | 현대순
총　무 | 한경숙, 안서현, 최여진, 강아담
관　리 | 김훈희, 이국희, 김승훈, 이규재

발행처 | 동양북스
등　록 | 제 10-806호(1993년 4월 3일)
주　소 | 서울시 마포구 동교로22길 12 (04030)
전　화 | (02)337-1737
팩　스 | (02)334-6624

http://www.dongyangbooks.com

ISBN 978-89-8300-673-8 13730

▶ 본 책은 저작권법에 의해 보호를 받는 저작물이므로 무단 전재와 복제를 금합니다.
▶ 잘못된 책은 구입처에서 교환해드립니다.

여는 글

일본어능력시험(JLPT)이 국내에서 시행된 지도 벌써 20여 년째에 접어듭니다.
2009년까지는 1·2·3·4급 이렇게 4개 급수로 시험을 시행하였으나, 2010년부터는 N1·N2·N3·N4·N5로 급수가 바뀌게 되며 또한 시험형식도 함께 바뀌게 되었습니다.

N1 : 예전 1급 보다 약간 난이도가 높음
N2 : 예전 2급의 난이도
N3 : 예전 2급과 3급 사이의 난이도(신설)
N4 : 예전 3급의 난이도
N5 : 예전 4급의 난이도

2009년까지의 일본어능력시험은 일본어의 원론적인 문제, 즉 회화나 실생활에 사용되는 표현보다는 심도 깊은 일본어 자체의 지식을 묻는 문제 위주로 출제되었으나, 2010년부터 시행되는 신경향 JLPT에서는 과제수행을 위한 커뮤니케이션 능력을 측정(일본어 지식과 함께 실제 사용 가능한 일본어 능력을 중시)하는 것을 주 목적으로 삼게 되었습니다.

이에 본 교재는 신경향 JLPT에 맞추어 커뮤니케이션 능력을 충분히 습득할 수 있는 어휘들로 구성하였습니다. 즉, 단순히 JLPT 시험만을 위해서가 아닌, 이 교재의 학습을 통해 일본 내 실제 생활 및 일본인과의 비즈니스 관계 회화에서도 충분히 도움이 될 수 있는 어휘들을 선별하여 구성하였습니다.

마지막으로 학습자 여러분께 부탁드리고 싶은 것은, 단순히 단어만 외우고 끝내지 말고 함께 나와 있는 예문까지도 철저히 익혀주셨으면 하는 것입니다. 가능하면 그 예문을 통째로 외워주기 바랍니다. 물론 힘들고 귀찮을 것입니다. 하지만, 지금 힘들게 하나하나 외워둔 단어와 예문들이 언젠가 여러분의 일본어 실력을 크게 빛나게 할 때가 올 것이니, 꼭 예문도 함께 외워두기를 부탁합니다.

저자 황요찬

새로운 일본어능력시험에 대해서

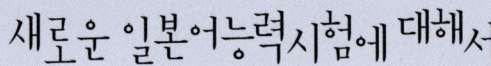

 일본어능력시험은 일본어를 모국어로 하지 않는 사람의 일본어능력을 측정하고 인정하는 시험으로서 국제교류기금과 일본국제교육지원협회가 1984년부터 실시하고 있습니다. 2008년에는 전 세계에서 약 56만 명이 응시했습니다.

 요즘 일본어능력시험 수험자들의 응시 목적이 실력측정과 함께 취업, 승진 등으로 변화하는 추세에 따라, 국제교류기금과 일본국제교육지원협회에서는 그동안의 일본어교육학이나 테스트이론의 연구 성과와 지금까지 축적된 시험결과의 데이터 등을 이용해 2010년부터 새로이 개정된 일본어능력시험을 실시하기로 했습니다.

* 개정 포인트

1. 레벨이 4단계에서 5단계로 늘어납니다.

 레벨을 예전 시험의 4단계(1급, 2급, 3급, 4급)에서 5단계(N1, N2, N3, N4, N5)로 늘립니다. 바뀌는 시험의 레벨과 예전 시험의 급의 대응은 아래와 같습니다.

N1	예전 시험의 1급보다 약간 높은 수준입니다. 합격선은 예전 시험과 거의 같습니다. 폭넓은 장면에서 사용되는 일본어를 거의 이해할 수 있어야 합니다.
N2	예전 시험의 2급과 거의 같은 수준입니다. 일상적인 장면에서 사용되는 일본어의 이해를 넘어서 더 폭넓은 장면에서 사용되는 일본어를 어느 정도 이해할 수 있어야 합니다.
N3	예전 시험의 2급과 3급의 사이의 수준입니다. 일상적인 장면에서 사용되는 일본어를 어느 정도 이해할 수 있어야 합니다.(신설)
N4	예전 시험의 3급과 거의 같은 수준입니다. 기본적인 일본어를 거의 이해할 수 있어야 합니다.
N5	예전 시험의 4급과 거의 같은 수준입니다. 기본적인 일본어를 어느 정도 이해할 수 있어야 합니다.

* 「N」은 「Nihongo(일본어)」, 「New(새롭다)」를 나타냅니다.

2. 합격점 이상만 받으면 합격이었던 기존의 방식과 달리 시험 난이도에 따라 합격점 기준이 변하는 상대평가 방식으로 바뀝니다.

3. 청해의 비중이 기존 25%에서 33.3%로 높아집니다.

4. 과목별 낙제점이 신설되어, 각 과목의 득점 구분에서 기준점 이상을 받아야 합격입니다.

* 시험과목과 시험시간

각 레벨의 시험과목과 시험시간은 아래와 같습니다.

레벨	시험과목(시험시간)		
N1	언어지식(문자, 어휘, 문법), 독해 (110분)		청해 (60분)
N2	언어지식(문자, 어휘, 문법), 독해 (105분)		청해 (50분)
N3	언어지식(문자, 어휘) (30분)	언어지식(문법), 독해 (70분)	청해 (40분)
N4	언어지식(문자, 어휘) (30분)	언어지식(문법), 독해 (60분)	청해 (35분)
N5	언어지식(문자, 어휘) (25분)	언어지식(문법), 독해 (50분)	청해 (30분)

* 시험시간은 변경되는 경우가 있습니다. 또 청해는 시험문제 녹음의 길이에 따라 시험시간이 다소 바뀝니다.

N1과 N2의 시험과목은 ①언어지식(문자, 어휘, 문법), 독해, ②청해의 두 과목입니다. N3, N4, N5의 시험과목은 ①언어지식(문자, 어휘), ②언어지식(문법), 독해, ③청해의 세 과목입니다.

* 시험결과

(1) 시험결과의 표시

각 레벨의 득점 구분과 득점의 범위는 아래와 같습니다.

레벨	득점구분	득점범위
N1	언어지식(문자, 어휘, 문법)	0~60
	독해	0~60
	청해	0~60
	종합득점	0~180
N2	언어지식(문자, 어휘, 문법)	0~60
	독해	0~60
	청해	0~60
	종합득점	0~180
N3	언어지식(문자, 어휘, 문법)	0~60
	독해	0~60
	청해	0~60
	종합득점	0~180
N4	언어지식(문자, 어휘, 문법), 독해	0~120
	청해	0~60
	종합득점	0~180
N5	언어지식(문자, 어휘, 문법), 독해	0~120
	청해	0~60
	종합득점	0~180

N1, N2, N3의 득점 구분은 ①언어지식(문자, 어휘, 문법), ②독해, ③청해의 3구분입니다.
N4, N5의 득점 구분은 ①언어지식(문자, 어휘, 문법), 독해, ②청해의 2구분입니다.

＊ 자주 하는 질문

Q1 시험은 1년에 몇 번 실시됩니까?
A1 「N3, N4, N5」는 7월에만, 「N1, N2」는 7월과 12월 두 번입니다. 다만, 해외에서는 7월 시험을 실시하지 않는 나라나 지역이 있습니다. 자세한 것은 국제교류기금의 웹사이트(www.jlpt.jp)에 게재합니다.

Q2 시험일은 정해져 있습니까?
A2 7월과 12월의 첫째주 일요일에 실시합니다.

Q3 향후, 시험 정보는 어디서 알 수 있습니까?
A3 일본어능력시험 웹사이트에서 수시로 갱신하기 때문에 www.jlpt.or.kr에 게재되는 내용을 참조해 주세요.

＊ 일본어능력시험 관할 지역

서울권(경기 · 대전 · 강원 · 충청 · 호남) : 일본어능력시험 서울 실시위원회
(02-723-8487)

부산권(영남 · 대구 · 울산) : (사) 부산 한일문화교류협회
(051-465-7323)

제주권 : 제주도 한일친선협회(064-757-2164~6)

일러두기

* 출제빈도순 배치

과거 일본어능력시험 문자·어휘와 문법에서 출제되었던 단어와 N4, N5 출제기준에 포함된 단어들을 출제빈도순으로 배치하였습니다.

1부 최다 출제 단어
실제 시험에서 가장 많이 출제되었던 단어들입니다. 빈출도에 따라 별 다섯 개에서 별 두 개 반짜리까지의 단어가 실려 있습니다.
합격을 위해 반드시 외우고 넘어갑시다.

2부 중요 빈출 단어
간혹 출제되는 단어들입니다. 별 두 개와 한 개짜리의 단어가 실려 있습니다. 출제빈도는 높지 않지만 언제든지 출제될 수 있는 단어들입니다.

3부 출제 예상 단어
직접적으로 문제가 출제되지는 않지만 청해나 독해, 또는 문제의 예문 등에 나오거나 앞으로 출제될 가능성이 있는 단어들을 모았습니다.

* 예문이 함께 실린 단어

① **단어 수준** – 출제기준에 따른 급수 표시입니다. 단, N4 수준의 단어는 N5 수준의 단어를 포함하기 때문에 N5 수준의 단어라도 N4 시험에서 자주 출제됩니다. 또 '기준외'로 표기된 단어는 출제기준에는 들어 있지 않으나 과거 일본어능력시험에는 나왔던 단어입니다.

② **반대어·유의어** – 필요한 경우, 반대어나 유의어를 단어 옆에 표기하였습니다.

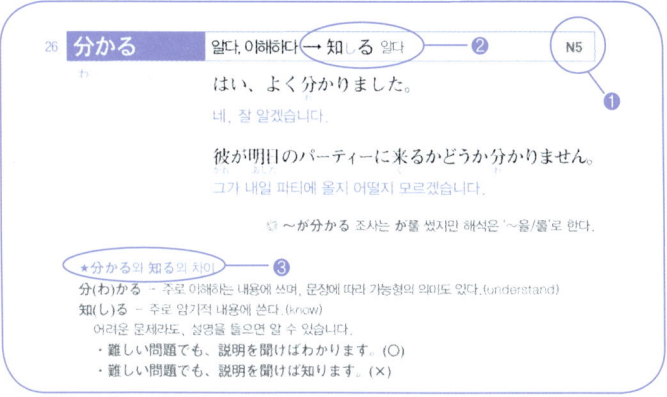

③ **관련 내용** – 단어와 관련된 다른 표현이나 비슷한 단어의 뉘앙스 차이를 설명하였습니다.

* 색인

전체 단어를 あ~ん순으로 정리하여 원하는 단어를 쉽게 찾을 수 있습니다.

* 정확한 발음과 억양을 익힐 수 있는 MP3 파일

네이티브 스피커가 녹음한 MP3 파일을 웹사이트에서 무료로 다운로드 받을 수 있습니다. (www.dongyangbooks.com)

차례

여는 글	3
새로운 일본어능력시험에 대해서	4
일러두기	8

1부 시험에 꼭 나오는 최다 출제 단어 509

빈출도 ★★★★★	12
빈출도 ★★★★☆	22
빈출도 ★★★★	30
빈출도 ★★★☆	39
빈출도 ★★★	60
빈출도 ★★☆	83
숫자 · 시간 · 날짜 표현	118

2부 종종 출제되는 중요 빈출 단어 556

빈출도 ★★	120
빈출도 ★	181
가족 관련 단어	214

3부 이것도 알아두자! 출제 예상 단어 290

출제 예상 단어	216
물건 세는 법	264

부록

색인	266

1부

시험에 꼭 나오는
최다 출제 단어 509

빈출도 ★★★★★~★★☆

최다출제단어 01   빈출도 ★★★★★

1 ある   있다 ↔ ない 없다   N5

はさみはどこにありますか。
가위는 어디에 있습니까? (존재)

かばんに本が入れてあります。
가방에 책이 넣어져 있습니다. (상태)

◎ 타동사+てある 되어 있다

2 いる   있다 ↔ いない 없다   N5

公園に子供がたくさんいます。
공원에 어린이가 많이 있습니다.

このおかしには牛乳がたくさん入っています。
이 과자에는 우유가 많이 들어 있습니다. (상태)

◎ 자동사+ている 되어 있다

田中さんはテレビを見ながらご飯を食べています。
다나카 씨는 텔레비전을 보면서 밥을 먹고 있습니다. (진행)

◎ 타동사+ている 하고 있다

★ある와 いる의 차이
ある – 물건 같은 무생물과 식물에 사용. つくえがある。책상이 있다.
いる – 사람, 동물 같은 살아 움직이는 생물에 사용. 犬がいる。개가 있다.

3 要る   필요하다(예외 5단동사)   N4
い

「お金も要りますか。」
돈도 필요합니까?

「いいえ、お金は要りません。」
아니요, 돈은 필요 없습니다.

4 行く
い

가다 ↔ 来くる 오다   N5

◎ 현대일본어에서는 주로 いく 라고 읽고
속담이나 관용구 등에서는 ゆく 라고 읽는 경우도 있다.

これからも人口が増えていくと思います。
앞으로도 인구가 증가해 갈 거라고 생각합니다.

◎ 동사+ていく ~해 가다

私は毎朝公園へ散歩に行きます。
저는 매일 아침 공원에 산책하러 갑니다.

◎ 명사+に行く ~하러 가다

5 買う
か

사다 ↔ 売うる 팔다   N5

駅前の本屋で、本を買いました。
역 앞 서점에서 책을 샀습니다.

6 帰る
かえ

돌아오다, 돌아가다 → 戻もどる 되돌아오다(가다)   N5

かぜをひいて、今日ははやく帰ります。
감기에 걸려서, 오늘은 일찍 돌아가겠습니다.

◎ 帰り 귀갓길, 돌아가는 길
帰りに本屋で本を買うつもりです。 돌아가는 길에 서점에서 책을 살 예정입니다.

7 書く
か

쓰다 → 描かく 그리다   N5

字をもう少し大きく書いてください。
글씨를 좀더 크게 써 주세요.

あの子は絵を描くのが好きです。
저 아이는 그림을 그리는 것을 좋아합니다.

| 8 | **～から** | ～하니까, ～이니까 (뒤에는 주관적인 문장이 옴) | N5 |

今雨が降っているから、かさを持って行きなさい。
지금 비가 오고 있으니 우산을 가지고 가거라.

| 9 | **くださる** | 주시다 | N5 |

明日も9時ごろ来てください。
내일도 9시쯤 와 주세요.

◎ くださいは くださる의 명령형

| 10 | **こと** | 일 / (～한) 적〈경험〉 / 경우, 때 / 방침, 습관, 사실, 것 / ～하기로, ～하게 (되다) | N4 |

昨日どんなことがあったか言ってください。
어제 무슨 일이 있었는지 말해 주세요.

彼は一度もアメリカへ行ったことがありません。
그는 한 번도 미국에 간 적이 없습니다.

私は時々、朝ごはんを食べないで学校へ行くことがあります。
저는 때때로 아침을 안 먹고 학교에 가는 경우가 있습니다.

私は健康のために、毎朝ジョギングをすることにしました。
저는 건강을 위해 매일 아침 조깅을 하기로 하였습니다.

昨日勉強したことをもう一度読んでみました。
어제 공부한 것을 다시 한 번 읽어 보았습니다.

来年からA社で働くことになりました。
내년부터 A사에서 일하게 되었습니다.

| 11 | **静かだ**
しず | 조용하다 ↔ にぎやかだ 번화하다, 떠들썩하다 | N5 |

赤ん{ぼ}うが静かに寝ています。
あか しず ね
아기가 조용히 자고 있습니다.

| 12 | **する** | 하다 → やる 하다, 주다 | N5 |

昨日は友だちとテニスをしました。
きのう とも
어제는 친구와 테니스를 쳤습니다.

| 13 | **～そうだ** | 1. 양태용법 : ～할 것 같다, ～인 것 같다
　　　(동사 **ます**형, 형용사 어간에 접속)
2. 전문용법 : ～라고 한다
　　　(모든 품사의 종지형(보통체)에 접속) | N4 |

風が吹いて、ろうそくが消えそうです。
かぜ ふ き
바람이 불어서 촛불이 꺼질 것 같습니다.

おいしそうなにおいがします。
맛있는 냄새가 납니다.

田中さんは大学生だそうです。
た なか だいがくせい
다나카 씨는 대학생이라고 합니다.

鈴木さんも明日行くそうです。
すず き あした い
스즈키 씨도 내일 간다고 합니다.

| 14 | **食べる**
た | 먹다 | N5 |

姉は朝ごはんにパンを食べて、私はご飯を食べます。
あね あさ た わたし はん た
누나는 아침으로 빵을 먹고 나는 밥을 먹습니다.

15 出す
だ

꺼내다 / 제출하다 / (편지 등을) 부치다 / (동사 **ます**형에 접속하여) ~하기 시작하다   N5

ポケットから財布を出しました。
주머니에서 지갑을 꺼냈습니다.

郵便局へ行くなら、この手紙も出してください。
우체국에 갈 거라면 이 편지도 부쳐 주세요.

宿題を出すときは、必ず名前を書いてください。
숙제를 제출할 때는 반드시 이름을 써 주세요.

お母さんの顔を見ると、由美子は泣き出しました。
어머니의 얼굴을 보자 유미코는 울기 시작했습니다.

★~出す와 ~始める의 차이
~出(だ)す – 始(はじ)める보다 객관적이며 자신의 의지에 의한 동작, 행동에는 쓰이지 않는다.
  · 雨が降り出す。비가 내리기 시작하다.
~始(はじ)める – 어떤 동작, 행동, 상태의 시작을 강조하며 주로 예상했던 일에 쓰인다.
  · 桜が咲き始める。벚꽃이 피기 시작하다.

16 ところ

곳, 장소 / ~가 있는 곳 / ~하려는 참   N5

原宿はどんなところですか。
하라주쿠는 어떤 곳입니까?

質問のある人は私のところに来てください。
질문 있는 사람은 내 방으로 와 주세요.

今からご飯を食べるところです。
지금부터 밥을 먹으려는 참입니다.

17 どの

어느, 어떤 → この 이/その 그/あの 저   N5

どの本があなたのですか。
어느 책이 당신 것입니까?

| 18 | **〜ながら** | (동사 ます형에 접속하여) 〜하면서 | N5 |

寝ながら本を読んでいます。
누워서 책을 읽고 있습니다.

| 19 | **なる** | (〜이/가) 되다 | N5 |

私は将来、先生になりたいです。
저는 장래 선생님이 되고 싶습니다.

◎ 명사+になる 〜가 되다

| 20 | **〜ので** | 〜이므로, 〜때문에, 〜해서 (뒤에는 객관적인 문장이 옴) | N5 |

今雨が降っているので、かさが必要です。
지금 비가 오고 있어서 우산이 필요합니다.

| 21 | **〜のに** | 〜인데 / (〜하는) 데에 | N5 |

彼女はたくさん食べるのに、ぜんぜんふとりません。
그녀는 많이 먹는데 전혀 살이 안 찝니다.

この米は、お酒を作るのに使います。
이 쌀은 술을 만드는 데 사용합니다.

| 22 | **飲む** | (액체를) 마시다 / (약을) 먹다 | N5 |

のどがかわいて、水を飲みました。
목이 말라서 물을 마셨습니다.

この薬は、1日1回だけ飲んでもいいです。
이 약은 하루에 한 번만 먹어도 됩니다.

23 前 (まえ)

앞, 전〈시간, 장소〉 ↔ 後 うしろ 뒤〈장소〉　　　N5

私は食事の前に、手を洗います。
저는 식사 전에 손을 씻습니다.

うちの前に駅ができて、便利になりました。
집 앞에 역이 생겨서 편리해졌습니다.

24 ～ようだ

～같다〈추측〉 / ～같다〈비유〉 / ～하도록〈목적, 명령〉　　　N4

みんな帰って、教室には誰もいないようです。
모두 돌아가서 교실에는 아무도 없는 것 같습니다.

私は彼女のように、きれいな人が好きです。
저는 그녀와 같이 예쁜 사람을 좋아합니다.

テストに合格するように、一生懸命に勉強しています。
시험에 합격하도록 열심히 공부하고 있습니다.

学生たちに「明日は早く来るように」と言いました。
학생들에게 "내일은 일찍 오도록" 하고 말했습니다.

25 読む (よ)

읽다　　　N5

姉は本を読むのが好きで、いつも夜遅くまで起きています。
언니는 책 읽는 것을 좋아해서 늘 밤늦게까지 깨어 있습니다.

26 分かる (わ)

알다, 이해하다 → 知しる 알다　　　　N5

はい、よく分かりました。
네, 잘 알겠습니다.

彼が明日のパーティーに来るかどうか分かりません。
그가 내일 파티에 올지 어떨지 모르겠습니다.

◎ ~が分かる 조사는 が를 썼지만 해석은 '~을/를'로 한다.

★分かる와 知る의 차이

分(わ)かる - 주로 이해하는 내용에 쓰며, 문장에 따라 가능형의 의미도 있다.(understand)
知(し)る - 주로 암기적 내용에 쓴다.(know)

어려운 문제라도, 설명을 들으면 알 수 있습니다.
・難しい問題でも、説明を聞けばわかります。(○)
・難しい問題でも、説明を聞けば知ります。(×)

확인문제 1회

問題 1 밑줄 친 단어를 어떻게 읽는지 보기에서 고르세요.

1 お金も<u>要ります</u>か。
① うります　　　② あります
③ いります　　　④ はります

2 姉は本を<u>読む</u>のが好きで、いつも夜遅くまで起きています。
① よむ　② のむ　③ かむ　④ こむ

問題 2 밑줄 친 단어를 어떻게 쓰는지 보기에서 고르세요.

3 駅前の本屋で、本を<u>かいました</u>。
① 会いました　　② 買いました
③ 負いました　　④ 吸いました

4 私は食事の<u>まえ</u>に、手を洗います。
① 後　② 先　③ 上　④ 前

問題 3 괄호 안에 들어갈 알맞은 말을 고르세요.

5 かぜをひいて、今日ははやく(　　　　)。
① かえります　　② きます
③ あるきます　　④ だします

6 (　　　　)本を読んでいます。
① ねる　　　　② ねている
③ ねながら　　④ ねていた

정답 1 ③ 2 ① 3 ② 4 ④ 5 ① 6 ③

TEST

問題 4 다음 문장과 비슷한 의미의 문장을 고르세요.

[7] かばんに本がいれてあります。

① かばんから本をだしています。
② かばんに本をいれています。
③ かばんと本をもっています。
④ かばんのなかに本があります。

[8] 郵便局へ行くなら、この手紙もだしてください。

① 郵便局へ行くなら、この手紙もみてください。
② 郵便局へ行くなら、この手紙もおくってください。
③ 郵便局へ行くなら、この手紙もうってください。
④ 郵便局へ行くなら、この手紙もよんでください。

問題 5 다음 단어의 쓰임이 가장 올바른 것을 고르세요.

[9] ようだ

① みんな帰って、教室には誰もいないようです。
② 明日は雨が降りようです。
③ 田中さんは大学生だようです。
④ 私は男のような人が好きです。

[10] のに

① 今雨が降っていますのに、傘を持っていってください。
② 彼女はたくさん食べるのに、ぜんぜんふとりません。
③ きのうはつかれたのに、早くねました。
④ 私は先生になりたいのに、一生懸命に勉強しています。

27 明るい (あかるい)

밝다 ↔ 暗くらい 어둡다   N4

私は明るいところが好きです。
저는 밝은 곳을 좋아합니다.

28 後 (あと)

~후, 나중   N5

食事が終わった後、散歩に出かけました。
식사가 끝난 후 산책하러 나갔습니다.

そのことは、あとでまた説明します。
그것은 나중에 다시 설명하겠습니다.

29 歩く (あるく)

걷다   N5

駅までそんなに遠くないから、歩いていきましょう。
역까지 그렇게 멀지 않으니 걸어서 갑시다.

30 終わる (おわる)

끝나다, (동사 ます형에 접속하여) 다 ~하다
↔ 始はじまる 시작되다   N5

学校は5時に終わります。
학교는 5시에 끝납니다.

そのはさみ、使いおわったら返してください。
그 가위 다 쓰면 돌려주세요.

◎ 終わり 끝, 마지막
今年も今日で終わりですね。 올해도 오늘로 마지막이군요.

| 31 | **借りる** (か) | 빌리다 ↔ 貸(か)す 빌려주다 | N4 |

昨日は鉛筆を忘れて、友だちに鉛筆を借りました。
어제는 연필을 안 가져와서 친구에게 연필을 빌렸습니다.

| 32 | **聞く** (き) | 듣다 / 묻다 | N5 |

私の趣味は、音楽を聞くことです。
제 취미는 음악을 듣는 것입니다.

すみません。ちょっと聞きたいことがありますが…
실례합니다. 좀 묻고 싶은 것이 있습니다만……

| 33 | **きれいだ** | 예쁘다 / 깨끗하다 → 美(うつく)しい 아름답다 | N5 |

由美子(ゆみこ)さんはきれいでやさしい人(ひと)です。
유미코 씨는 예쁘고 착한 사람입니다.

部屋(へや)の中(なか)はいつもきれいにしておきましょう。
방 안은 항상 깨끗이 해 놓읍시다.

★きれいだ와 美しい의 차이
きれいだ - 주로 여성의 외모에 사용.
　• きれいな女性。예쁜 여성.
美しい - 주로 경치, 마음, 행동 등 추상적인 아름다움에 사용.
　• 美しい景色。아름다운 경치.

| 34 | **この** | 이 → その 그 / あの 저 / どの 어느 | N5 |

このノートはいくらですか。
이 노트는 얼마입니까?

35 〜たい

(동사 ます형에 접속) 〜하고 싶다
→ 〜たがる 〜하고 싶어하다

N5

田中さんは何が食べたいですか。
다나카 씨는 무엇을 먹고 싶습니까?

私も北海道へ遊びに行きたいです。
저도 홋카이도에 놀러 가고 싶습니다.

★たい와 たがる의 차이
〜たい - 나와 너의 희망일 때(1·2인칭)
・私はぎょうざが食べたいです。 저는 고기만두를 먹고 싶습니다.
〜たがる - 나와 너가 아닌 제삼자의 희망일 때(3인칭)
・佐藤さんも北海道へ遊びに行きたがっています。
사토 씨도 홋카이도에 놀러 가고 싶어하고 있습니다.

36 〜ためだ

〜위해서이다〈목적〉 / 〜때문이다〈이유〉

N4

テストに合格するために、毎日勉強しています。
시험에 합격하기 위해 매일 공부하고 있습니다.

ダイエットのため、夜6時以後は何も食べないことにしています。
다이어트를 위해 밤 6시 이후에는 아무것도 먹지 않도록 하고 있습니다.

こんなにうるさく言うのも、あなたのためです。
이렇게 시끄럽게 말하는 것도 당신을 위해서입니다.

円高のため、日本に来る留学生が少なくなりました。
엔고 때문에 일본에 오는 유학생이 적어졌습니다.

37 小さい

작다 ↔ 大おおきい 크다

N5

かばんは大きいのもあって、小さいのもあります。
가방은 큰 것도 작은 것도 있습니다.

◎ 小さな 작은 ↔ 大きな 큰
私の家には、小さな犬がいます。 우리 집에는 작은 개가 있습니다.

| 38 | **つもり** | 생각, 작정 | N4 |

明日雨が降らなければ、公園へ行くつもりです。
あした あめ ふ こうえん い
내일 비가 안 오면 공원에 갈 생각입니다.

| 39 | **天気**
てんき | 날씨 | N4 |

今日はいい天気ですね。
きょう てんき
오늘은 좋은 날씨이군요.

天気予報
てんきよほう
일기예보

| 40 | **習う**
なら | 배우다 ↔ 教おしえる 가르치다 | N4 |

最近中村さんは、中国語を習っています。
さいきんなかむら ちゅうごくご なら
요즘 나카무라 씨는 중국어를 배우고 있습니다.

| 41 | **何**
なん/なに | 무엇, 무슨/몇~ → 何なにも 아무것도 | N5 |

鈴木さんは休みの日には何をしますか。
すずき やす ひ なに
스즈키 씨는 쉬는 날에는 무엇을 합니까?

今日は何曜日ですか。
きょう なんようび
오늘은 무슨 요일입니까?

かばんの中にはなにもありません。
なか
가방 안에는 아무것도 없습니다.

| 42 | **〜の** | ~것〈소유〉/ ~것〈일〉 | N5 |

どのかばんがあなたのですか。
어느 가방이 당신 것입니까?

お酒を飲むのは、あまり好きではありません。
さけ の す
술을 마시는 것은 그다지 좋아하지 않습니다.

43 入る
はい

들어가다(오다) ↔ 出でる 나가다 N5

そのかばんには何が入っていますか。
なに　はい
그 가방에는 무엇이 들어있습니까?

私の部屋に入らないでください。
わたし　へや　はい
제 방에 들어오지 말아 주세요.

44 早い/速い
はや　はや

(시간, 시기가) 이르다 / (속도가) 빠르다
↔ 遅おそい 늦다, 느리다 N5

ばんごはんを食べるにはちょっと早いですが…
た　　　　　　　　　　はや
저녁을 먹기에는 좀 이릅니다만……

そんなに速く歩かないでください。
はや　ある
그렇게 빨리 걷지 말아 주세요.

45 まだ
아직 N5

まだ時間がありますから、そんなに急がなくてもいいですよ。
じかん　　　　　　　　　　　　　いそ
아직 시간이 있으니 그렇게 서두르지 않아도 됩니다.

46 ～まま
(동사 た형에 접속) ～한 채, ～한 채로
→ そのまま 그대로 N4

ゆうべはテレビをつけたまま寝てしまいました。
ね
어젯밤엔 텔레비전을 켠 채로 자고 말았습니다.

危ないから、そのまま動かないでください。
あぶ　　　　　　　　　　うご
위험하니 그대로 움직이지 말아 주세요.

47 見る
み

보다 N5

彼女と映画を見てから、昼ごはんを食べました。
かのじょ　えいが　み　　　　ひる　　　　　た
여자 친구와 영화를 보고나서 점심을 먹었습니다.

| 48 | **～やすい** | (동사 ます형 접속) ～하기 쉽다/좋다/편하다
→ 安やすい 싸다 | N4 |

私の町は、とても住みやすいところです。
우리 동네는 아주 살기 좋은 곳입니다.

食べやすく、肉を切ってください。
먹기 좋게 고기를 잘라주세요.

このなしは、やすくておいしいです。
이 배는 싸고 맛있습니다.

| 49 | **私**
わたし | 저, 나 → わたくし 저(わたし의 정중한 말) | N5 |

私は毎朝、早く起きます。
저는 매일 아침 일찍 일어납니다.

확인문제 2회

問題 1 밑줄 친 단어를 어떻게 읽는지 보기에서 고르세요.

1. 昨日は鉛筆を忘れて、友だちに鉛筆を<u>借りました</u>。
   ① かりました ② おわりました
   ③ おりました ④ しりました

2. 最近中村さんは、中国語を<u>習って</u>います。
   ① もどって ② かえって
   ③ ならって ④ かって

問題 2 밑줄 친 단어를 어떻게 쓰는지 보기에서 고르세요.

3. 今日はいい<u>てんき</u>ですね。
   ① 店気 ② 天気 ③ 転気 ④ 典気

4. 駅までそんなに遠くないから、<u>あるいて</u>いきましょう。
   ① 売いて ② 入いて ③ 歩いて ④ 聞いて

問題 3 괄호 안에 들어갈 알맞은 말을 고르세요.

5. そのことは、(　　　　)また説明します。
   ① さっき ② あまりに
   ③ あとで ④ うしろから

6. (　　　　)時間がありますから、そんなに急がなくてもいいですよ。
   ① まだ ② もう
   ③ これから ④ さきに

정답 1① 2③ 3② 4③ 5③ 6①

TEST

問題 4 다음 문장과 비슷한 의미의 문장을 고르세요.

7 由美子さんは、きれいでやさしい人です。
① 由美子さんは、しずかでやさしい人です。
② 由美子さんは、びじんでやさしい人です。
③ 由美子さんは、かいしゃいんでやさしい人です。
④ 由美子さんは、がくせいでやさしい人です。

8 明日雨がふらなければ、公園へいくつもりです。
① 明日雨がふらなければ、公園へいきたくないです。
② 明日雨がふらなければ、公園へいかないかもしれません。
③ 明日雨がふらなければ、公園へいかないよていです。
④ 明日雨がふらなければ、公園へいくよていです。

問題 5 다음 단어의 쓰임이 가장 올바른 것을 고르세요.

9 やすい
① きのうのテストはとてもやすかったです。
② 私の町は、とても住みやすいところです。
③ この車はとてもやすくて、かえません。
④ 北海道の冬は、とてもやすいそうです。

10 まま
① ご飯を食べるまま、学校へいきました。
② 私もハワイへあそびにいくままです。
③ おふろにはいったまま、しゅくだいをしました。
④ ゆうべはテレビをつけたまま寝てしまいました。

정답 7② 8④ 9② 10④

| 50 | **開ける** あ | 열다 ↔ 閉しめる 닫다 | N4 |

寒いですから、窓を開けないでください。
추우니 창문을 열지 말아 주세요.

★ 開ける와 開く의 차이
開(あ)ける - 문, 창문, 뚜껑 등 닫힌 것을 열다
 ・ドアを開ける。문을 열다.
開(ひら)く - 안이 보이도록 펼치다 / 어떤 행사나 대회 등을 개최하다, 열다
 ・本を開いてください。책을 펼쳐 주세요.
 ・オリンピックを開きました。올림픽을 개최했습니다.

| 51 | **朝** あさ | 아침 | N5 |

朝早く起きるのは体にいいです。
아침 일찍 일어나는 것은 몸에 좋습니다.

| 52 | **あまり** | 너무(뒷문장 긍정) / 그다지, 별로(뒷문장 부정) | N5 |

あまりたくさん歩いて、足がつかれました。
너무 많이 걸어서 다리가 아픕니다.

このレストランは、あまりおいしくないですね。
이 레스토랑은 그다지 맛있지 않습니다.

| 53 | **いい/よい** | 좋다 ↔ 悪わるい 나쁘다 | N5 |

このケイタイは少し高いですが、いいものです。
이 휴대전화는 좀 비싸지만 좋은 물건입니다.

| 54 | **生まれる** う | 태어나다 | N5 |

子供が生まれて、とてもうれしいです。
아이가 태어나서 매우 기쁩니다.

55 置く (お) — 놓다, 두다 — N5

私の荷物はあそこに置いてあります。
제 짐은 저기에 놓여 있습니다.

◎ ～ておく ~해 두다, ~해 놓다
佐藤さんにもそのことを言っておきました。
사토 씨에게도 그 일을 말해 놓았습니다.

56 方 (かた) — 분/(동사 ます형에 접속하여) ~하는 법 — N4

あの方はどなたですか。
저 분은 누구십니까?

キムチの作り方を教えてください。
김치 만드는 법을 가르쳐 주세요.

57 かまわない — 상관없다, 괜찮다 — N4

明日は来なくてもかまいません。
내일은 안 와도 상관없습니다.

58 昨日 (きのう) — 어제 — N5

昨日は何曜日でしたか。
어제는 무슨 요일이었습니까?

59 来る (く) — 오다 ↔ 行く 가다 — N5

昨日日本から来ました。
어제 일본에서 왔습니다.

◎ ～てくる ~ 하기 시작하다
5月になって、暑くなってきました。
5월이 되니, 더워지기 시작했어요.

31

60 くれる — (남이 나에게) 주다 — N4

中村さんは私に日本語を教えてくれました。
나카무라 씨는 저에게 일본어를 가르쳐 주었습니다.

★くれる와 あげる의 차이
くれる - (남이 나에게) 주다
・花田さんは私にプレゼントをくれました。 하나다 씨는 저에게 선물을 주었습니다.
あげる - (내가 남에게/남이 남에게) 주다
・私は花田さんにプレゼントをあげました。 저는 하나다 씨에게 선물을 주었습니다.

61 ～ころ(ごろ) — ～쯤, ～무렵 — N5

私は毎日１２時ごろ寝ます。
저는 매일 12시쯤 잡니다.

このごろ

요즘, 최근

このごろ忙しくなったので、友達に会う時間もありません。

요즘 바빠져서 친구를 만날 시간도 없습니다.

62 ～し — ～이고, ～이며(나열) — N5

今日は雨も降っているし、風も強いです。
오늘은 비도 내리고 있고 바람도 강합니다.

63 仕事 (しごと) — 일, 직업 — N5

失礼ですが、佐藤さんはどんな仕事をしていますか。
실례지만, 사토 씨는 어떤 일을 하고 계십니까?

64 知る (し) — 알다 → 分かる 알다, 이해하다 — N5

そのことなら、私も知っています。
그 일이라면 저도 알고 있습니다.

| 65 | **時間** (じかん) | 시간 | N5 |

忙しいので、運動する時間がありません。
바빠서 운동할 시간이 없습니다.

ゆうべは疲れて、１０時間も寝ました。
어젯밤엔 피곤해서 10시간이나 잤습니다.

| 66 | **好きだ** (す) | 좋아하다 ↔ 嫌(きら)いだ 싫어하다 | N4 |

私はすきやきが好きです。
저는 스키야키를 좋아합니다.

◎ ~が好きだ 조사는 ~が를 쓰지만 해석은 '~을/를 좋아한다'로 해야 한다.

| 67 | **過ぎる** (す) | 지나가다〈시간, 공간〉 | N4 |

大学を卒業して、もう１０年も過ぎました。
대학을 졸업한 지 벌써 10년이나 지났습니다.

バスが公園の前を過ぎました。
버스가 공원 앞을 지나갔습니다.

| 68 | **~すぎる** | (동사 ます형, 형용사/な형용사 어간에 접속) 너무(지나치게) ~하다 | N4 |

昨日はついお酒を飲みすぎてしまいました。
어제는 그만 술을 과음하고 말았습니다.

母の作るキムチチゲはおいしすぎて、毎日食べたいです。
엄마가 만드는 김치찌개는 매우 맛있어서 매일 먹고 싶습니다.

| 69 | **誰** (だれ) | 누구 → どなた だれ의 높임말 | N5 |

このハンカチは誰のですか。
이 손수건은 누구것입니까?

| 70 | **誰か** | 누군가 | N5 |

<small>だれ</small>

教室に誰かいましたか。
교실에 누군가 있었습니까?

| 71 | **〜てはいけない（いけません）** | ~하면 안된다〈금지〉 | N5 |

ここでタバコを吸ってはいけません。
여기에서 담배를 피우면 안됩니다.

| 72 | **出る** | 나가다, 나오다 | N5 |

<small>で</small>

朝家を出るのは何時ごろですか。
아침에 집을 나오는 것은 몇 시쯤입니까?

◎ 電話に出る 전화를 받다
誰か、電話に出てください。 누구, 전화 좀 받아주세요.

| 73 | **電気** | 전기, 전등 | N5 |

<small>でんき</small>

部屋が暗いから、電気をつけてください。
방이 어두우니 전기를 켜 주세요.

| 74 | **どこ** | 어디 | N5 |

トイレはどこにありますか。
화장실은 어디에 있습니까?

これはどこの国の車ですか。
이것은 어느 나라 자동차입니까?

| 75 | **どんな** | 어떤, 무슨 | N5 |

中村さんは、どんなスポーツが好きですか。
나카무라 씨는 어떤 스포츠를 좋아하세요?

76. ～なければいけない（いけません）

～하지(이지) 않으면 안된다(안됩니다)　N4

明日は8時までに会社へ行かなければいけません。
내일은 8시까지 회사에 가지 않으면 안됩니다.

この仕事は男でなければなりません。
이 일은 남자가 아니면 안됩니다.

77. 始まる

시작되다　N5

もうすぐ試験が始まるので、席に座ってください。
이제 곧 시험이 시작되니 자리에 앉아 주세요.

78. 始める

시작하다 → 始めまして 처음 뵙겠습니다　N4

会議を始める前に、社長からあいさつがあります。
회의를 시작하기 전에 사장님으로부터 인사가 있겠습니다.

79. ～始める

(동사 ます형에 접속하여) ～하기 시작하다　N4

今朝出かけようとしたら、雨が降りはじめました。
오늘 아침 나가려고 했더니 비가 내리기 시작했습니다.

80. ～はずだ

당연히(마땅히) ～일 것이다(～일 터이다)　N4

そのことなら、田中さんも知っているはずです。
그 일이라면 다나카 씨도 당연히 알고 있을 것입니다.

81. 人

사람 / 남　N5

人がたくさん集まるところは好きではありません。
사람이 많이 모이는 곳은 좋아하지 않습니다.

人のものを盗んではいけません。
남의 물건을 훔쳐서는 안됩니다.

| 82 | **～人**
じん | ～인〈국적〉 | N5 |

韓国人、日本人、オランダ人
한국인, 일본인, 네덜란드인

| 83 | **勉強**
べんきょう | 공부 | N5 |

明日テストなので、みんな勉強しています。
내일 시험이어서 모두 공부하고 있습니다.

| 84 | **待つ**
ま | 기다리다 | N5 |

お母さんは子供を待っています。
어머니는 아이를 기다리고 있습니다.

| 85 | **有名**
ゆうめい | 유명 | N5 |

私は有名になりたいです。
저는 유명해지고 싶습니다.

| 86 | **～らしい** | ～같다〈추측〉 / ～답다〈명사에만 해당〉
→ ようだ ～같다〈추측〉 | N5 |

彼女もパーティーへ行くらしいです。
그녀도 파티에 갈 것 같습니다.

田村さんは男らしいですね。
다무라 씨는 남자답군요.

★らしい와 ようだ의 차이
らしい - 주로 외부의 정보, 소식 등에 의해 내리는 객관적인 추측에 사용.
  ・天気予報によると、明日は雨らしい。 일기예보에 의하면, 내일은 비가 올 것 같다.
ようだ - 자신의 판단에 의해 내리는 주관적인 추측에 사용.
  ・そのことはどこかで聞いたことがあるようだ。
    그 일은 어디선가 들은 적이 있는 것 같다.

확인문제 3회

問題 1 밑줄 친 단어를 어떻게 읽는지 보기에서 고르세요.

1 子供が<u>生まれて</u>、とてもうれしいです。
① うまれて　　　② のまれて
③ よまれて　　　④ かまれて

2 忙しいので、運動する<u>時間</u>がありません。
① しかん　② しがん　③ じかん　④ じがん

問題 2 밑줄 친 단어를 어떻게 쓰는지 보기에서 고르세요.

3 私は<u>ゆうめい</u>になりたいです。
① 有命　② 有銘　③ 有名　④ 有明

4 部屋が暗いから、<u>でんき</u>をつけてください。
① 電機　② 電期　③ 電記　④ 電気

問題 3 괄호 안에 들어갈 알맞은 말을 고르세요.

5 寒いですから、窓を(　　　)ください。
① しめないで　　　② かわないで
③ あけないで　　　④ うらないで

6 失礼ですが、佐藤さんはどんな(　　　)をしていますか。
① がいこく　② しごと　③ だいがく　④ となり

TEST

問題 4 다음 문장과 비슷한 의미의 문장을 고르세요.

[7] 昨日はついお酒をのみすぎてしまいました。

① 昨日はお酒をすこしのみました。
② 昨日はお酒をすこししかのみませんでした。
③ 昨日はお酒をすこしだけのみました。
④ 昨日はお酒をたくさんのみました。

[8] 中村さんは私に日本語をおしえてくれました。

① 私は中村さんに日本語をおしえてもらいました。
② 私は中村さんに日本語をおしえてあげました。
③ 中村さんは私に日本語をおしえてもらいました。
④ 中村さんは私に日本語をおしえてあげました。

問題 5 다음 단어의 쓰임이 가장 올바른 것을 고르세요.

[9] かまわない

① 明日は来なくてもかまいません。
② ここでタバコをすってはかまわない。
③ 今日は学校へいかなければかまいません。
④ 日本語ではなさないならかまわない。

[10] あまり

① ハワイへあまりいきたいです。
② 今日はあまり雨がふりそうです。
③ このレストランは、あまりおいしくないですね。
④ 田中さんがクラスであまり背がたかいです。

| 87 | **会う** (あう) | 만나다 → 合あう 맞다(크기, 내용, 마음, 사이즈 등) | N5 |

明日、山田さんに会う予定です。
내일 야마다 씨를 만날 예정입니다.

東京で田中さんに会いました。
도쿄에서 다나카 씨를 만났습니다.

◎ ~に会う ~을(를) 만나다

| 88 | **青い** (あお) | 파랗다 | N5 |

青い空を見上げました。
파란 하늘을 올려다보았습니다.

| 89 | **赤い** (あか) | 빨갛다 | N5 |

彼女は赤い色が好きだそうです。
그녀는 빨간색을 좋아한다고 합니다.

| 90 | **暖かい** (あたた) | 따뜻하다 ↔ 涼すずしい 시원하다, 서늘하다 | N5 |

春になると、暖かくなります。
봄이 되면 따뜻해집니다.

| 91 | **新しい** (あたら) | 새롭다, 새것이다 ↔ 古ふるい 낡다, 오래되다 | N5 |

来月から新しい仕事を始めます。
다음달부터 새로운 일을 시작합니다.

| 92 | **暑い** (あつ) | 덥다 ↔ 寒さむい 춥다
→ 熱あつい 뜨겁다 / 厚あつい 두껍다 | N5 |

最近暑くなりましたね。
요즘 더워졌네요.

★**暑い**와 **熱い**의 차이
暑(あつ)**い** - (暑 더울 서) (기온) 덥다
熱(あつ)**い** - (熱 뜨거울 열) (물체의 온도) 뜨겁다

| 93 | **あの** | 저 → この 이/その 그 | N5 |

あのレストランはおいしいが、とても高いです。
저 레스토랑은 맛있지만 매우 비쌉니다.

| 94 | **あの** | (감탄사) 저, 저기 | N5 |

あの、すみません。家へ帰ってもいいですか。
저기, 죄송합니다. 집에 돌아가도 됩니까?

| 95 | **雨** あめ | 비 → 飴あめ 엿, 사탕 | N5 |

雨が止んだら、出かけましょう。
비가 그치면 나갑시다.

| 96 | **洗う** あら | 씻다, 닦다, 빨다 | N5 |

このズボンも一緒に洗ってください。
이 바지도 함께 빨아주세요.

| 97 | **言う** い | 말하다 → 話はなす 이야기하다 | N5 |

「お元気ですか」は韓国語で何と言いますか。
「お元気ですか」는 한국어로 뭐라고 합니까?

★言う와 話す의 차이
言(い)う - 주로 한 두 마디의 말이나 인사말에 사용.
話(はな)す - 내용이나 줄거리가 있는 내용을 전달할 때 사용.
　일본인은 아침에 만났을 때 'おはようございます'라고 말한다.
　・日本人は朝会ったとき「おはようございます」と言う。(○)
　・日本人は朝会ったとき「おはようございます」と話す。(×)

| 98 | **家** いえ | 집 / (うち라고 읽을 경우) 우리 집, 우리 | N5 |

昨日は家の前で友達に会いました。
어제는 집 앞에서 친구를 만났습니다.

友達がうちに遊びに来ました。
친구가 우리 집에 놀러왔습니다.

| 99 | **いかが** | 「どう」의 정중어 : 어떻게 | N5 |

お客様、これなどはいかがでしょうか。
손님, 이런 것은 어떠십니까?

| 100 | **いくら** | 얼마 / いくら〜ても 아무리 〜해도 | N5 |

この青いシャツはいくらですか。
이 파란 셔츠는 얼마입니까?

いくら食べても私はふとりません。
아무리 먹어도 저는 살이 찌지 않습니다.

| 101 | **医者** いしゃ | 의사 | N5 |

病院で医者に診てもらいました。
병원에서 의사에게 진료받았습니다. (*診る : 진료하다)

| 102 | **忙しい** いそが | 바쁘다 ↔ 暇ひまだ 한가하다 | N5 |

今日は忙しくて、ご飯を食べる時間もありませんでした。
오늘은 바빠서 밥 먹을 시간도 없었습니다.

| 103 | **いただく** | 「もらう」의 겸손어 : 받다
「飲む, 食べる」의 겸손어 : 마시다, 먹다 | N5 |

私は先生に万年筆をいただきました。
저는 선생님께 만년필을 받았습니다.

日本人はご飯を食べるとき、「いただきます」と言います。
일본인은 밥을 먹을 때「いただきます」라고 말합니다.

| 104 | **一度** いちど | 한 번 | N4 |

一度北海道へ遊びに行きたいです。
한 번 홋카이도에 놀러 가고 싶습니다.

| 105 | **いらっしゃる** | 「いく, くる, いる」의 존경어 : 가시다, 오시다, 계시다 | N5 |

山下さん、うちにも遊びにいらっしゃってください。
야마시타 씨, 우리 집에도 놀러와 주세요.

田中社長は、今どこにいらっしゃいますか。
다나카 사장님은 지금 어디에 계십니까?

| 106 | **入れる** | 넣다 | N5 |

私はスープを入れてからめんを入れます。
저는 스프를 넣고나서 면을 넣습니다.

| 107 | **うち** | 우리~ | N5 |

うちの会社は明日休みです。
우리 회사는 내일 쉽니다.

| 108 | **売る** | 팔다 ↔ 買う 사다 | N5 |

コンビニではいろいろなものを売っています。
편의점에서는 다양한 물건을 팔고 있습니다.

| 109 | **駅** | 역 | N5 |

ここから一番近い駅はどこですか。
여기에서 제일 가까운 역은 어디입니까?

| 110 | **多い** | 많다 ↔ 少ない 적다 | N5 |

都会には、人も車も多いです。
도시에는 사람도 차도 많습니다.

| 111 | **大きい** | 크다 ↔ 小さい 작다 | N5 |

体が大きい人がこちらに来ました。
몸이 큰 사람이 이쪽으로 왔습니다.

112 おかげ
덕택, 덕분 N4

近くにコンビニができたおかげで、買い物が便利になりました。
근처에 편의점이 생긴 덕분에 쇼핑이 편리해졌습니다.

113 起きる
おき

일어나다 N5

明日は日曜日なので、おそく起きるつもりです。
내일은 일요일이어서 늦게 일어날 생각입니다.

114 送る
おく

보내다 / 바래다주다 ↔ 迎むかえる 마중하다 N4

友達にプレゼントを送りました。
친구에게 선물을 보냈습니다.

彼女を車で家まで送りました。
여자 친구를 차로 집까지 바래다주었습니다.

115 男
おとこ

남자 ↔ 女おんな 여자 N5

私は男らしい男が好きです。
나는 남자다운 남자를 좋아합니다.

116 面白い
おもしろ

재미있다 N5

昨日から始まったドラマは本当におもしろかったです。
어제부터 시작된 드라마는 정말 재미있었습니다.

117 泳ぐ
およ

수영하다, 헤엄치다 N5

ここで泳ぐのは、禁止されています。
여기에서 수영하는 것은 금지되어 있습니다.

| 118 | **貸す** (かす) | 빌려주다 ↔ 借かりる 빌리다 | N5 |

佐藤さんは私に鉛筆を貸してくれました。
사토 씨는 저에게 연필을 빌려주었습니다.

| 119 | **家族** (かぞく) | 가족 | N5 |

来月、家族と一緒に旅行に行く予定です。
다음달에 가족과 함께 여행갈 예정입니다.

| 120 | **〜かも知れない（しれません）** | 〜일지도 모른다(모릅니다) | N5 |

明日彼は行かないかもしれません。
내일 그는 안 갈지도 모릅니다.

| 121 | **外国** (がいこく) | 외국 | N5 |

父は一度も、外国へ行ったことがありません。
아버지는 한 번도 외국에 간 적이 없습니다.

| 122 | **外国人** (がいこくじん) | 외국인 | N5 |

最近、日本へ来る外国人が多くなりました。
최근, 일본에 오는 외국인이 많아졌습니다.

| 123 | **学校** (がっこう) | 학교 | N5 |

家から学校まで1時間もかかります。
집에서 학교까지 1시간이나 걸립니다.

| 124 | **去年** (きょねん) | 작년 ↔ 来年らいねん 내년 | N5 |

私は去年結婚しました。
저는 작년에 결혼했습니다.

125 銀行
ぎんこう

은행 — N5

姉は銀行に勤めています。
언니는 은행에서 근무하고 있습니다.

126 車
くるま

차, 자동차 — N5

車で大阪まで、何時間ぐらいかかりますか。
차로 오사카까지 몇 시간 정도 걸립니까?

127 計画
けいかく

계획 — N4

前から計画していた旅行ですが、結局行けなくなりました。
전부터 계획하고 있던 여행입니다만 결국 못 가게 되었습니다.

128 研究
けんきゅう

연구 — N4

私は大学院で日本語の文法を研究しています。
저는 대학원에서 일본어 문법을 연구하고 있습니다.

129 研究室
けんきゅうしつ

연구실 — N4

山田さんの研究室は何階ですか。
야마다 씨의 연구실은 몇 층입니까?

130 元気だ
げんき

건강하다, 활기가 있다, 잘 지내다 — N5

みなさん、お元気なようですね。
여러분, 잘 지내시는 것 같군요.

131 子
こ

아이, 자녀 — N5

うちの子は勉強はしないで、遊んでばかりいます。
우리 아이는 공부는 안 하고 놀기만 합니다.

| 132 | **これ** | 이것 → それ 그것/あれ 저것/どれ 어느 것 | N5 |

これは誰の傘ですか。
이것은 누구의 우산입니까?

| 133 | **今度** こんど | 이번/다음 | N5 |

今度の日曜日、野球見に行きませんか。
이번 일요일에 야구 보러 안 갈래요?

あ、すみません。また今度行きましょう。
아, 미안해요. 다음에 갑시다.

| 134 | **午後** ごご | 오후 ↔ 午前 ごぜん 오전 | N5 |

午前中はだめですが、午後なら大丈夫です。
오전 중엔 안됩니다만, 오후라면 괜찮습니다.

| 135 | **魚** さかな | 물고기, 생선 | N5 |

私は肉は好きですが、魚はあまり好きではありません。
저는 고기는 좋아하지만, 생선은 그다지 좋아하지 않습니다.

| 136 | **寒い** さむい | 춥다 ↔ 暑い あつい 덥다 | N5 |

冬になって、寒くなりました。
겨울이 되어 추워졌습니다.

| 137 | **〜しか** | 〜밖에(항상 부정어를 수반한다) | N5 |

お金は５００円しか持っていません。
돈은 500엔밖에 갖고 있지 않습니다.

| 138 | **失礼** しつれい | 실례 | N4 |

それではお先に失礼いたします。
그럼 먼저 실례하겠습니다.

139 品物
しなもの

물건, 상품   **N4**

この店は品物も多くて、値段も安いです。
이 가게는 물건도 많고 가격도 쌉니다.

140 閉まる
し

닫히다 ↔ 開あく 열리다   **N5**

あの部屋はいつも窓が閉まっています。
저 방은 항상 창문이 닫혀 있습니다.

141 閉める
し

닫다 ↔ 開あける 열다   **N4**

寒いから、窓を閉めてください。
추우니까 창문을 닫아주세요.

142 食堂
しょくどう

식당   **N5**

この近くにおいしい食堂ありますか。
이 근처에 맛있는 식당 있습니까?

143 新聞
しんぶん

신문   **N5**

父は毎朝、新聞を見てから出かけます。
아버지는 매일 아침 신문을 보고서 나갑니다.

144 新聞社
しんぶんしゃ

신문사   **N5**

うちの会社の向かいに、新聞社があります。
우리 회사 맞은편에 신문사가 있습니다.

145 辞書
じしょ

사전 → 辞典じてん/字引じびき 사전   **N5**

わからない言葉は、辞書で調べてみてください。
모르는 단어는 사전에서 찾아봐 주세요.

146 住所
じゅうしょ

주소   **N5**

山田さん、ご住所を教えていただけませんか。
야마다 씨, 주소를 가르쳐 주시겠습니까?

| 147 | **上手だ** (じょうず) | 잘한다, 능숙하다 ↔ **下手**へただ 서툴다, 못한다
→ **うまい** 잘한다 / 맛있다 | N5 |

鈴木さんは本当に歌が上手ですね。
스즈키 씨는 정말로 노래를 잘하는군요.

★**上手だ**와 **うまい**의 차이
上手(じょうず)だ - 격식을 차린 말투이며, 잘한다는 뜻만 있다.
うまい - 주로 허물없는 사이에 잘 쓰이며, 잘한다 외에 맛있다는 뜻도 있다.

| 148 | **丈夫だ** (じょうぶ) | 튼튼하다 | N4 |

この仕事は、体が丈夫でなければなりません。
이 일은 몸이 튼튼하지 않으면 안됩니다.

| 149 | **少し** (すこ) | 잠시, 조금, 약간 | N5 |

ここで少し待っていてください。
여기에서 잠시 기다려 주세요.

| 150 | **住む** (す) | 살다, 거주하다 | N5 |

太田さんは今、横浜に住んでいます。
오타 씨는 지금 요코하마에 살고 있습니다.

| 151 | **世界** (せかい) | 세계 | N5 |

私の夢は、世界一周です。
제 꿈은 세계일주입니다.

| 152 | **その** | 그 → **この** 이/**あの** 저/**どの** 어느 | N5 |

そのかばん、誰のですか。
그 가방, 누구것입니까?

| 153 | **高い** たか | 높다, (키가) 크다 / 비싸다
↔ 低ひくい 낮다 / 安やすい 싸다 | N5 |

あの高いビルの隣の青いビルが、うちの会社です。
저 높은 빌딩 옆의 파란 빌딩이 우리 회사입니다.

栗原さんは背が高いです。
구리하라 씨는 키가 큽니다.

このレストランはおいしいが、ちょっと高いです。
이 레스토랑은 맛있지만 좀 비쌉니다.

| 154 | **立つ** た | 서다 ↔ 座すわる 앉다 | N5 |

電車に席がなくて1時間も立って行きました。
전철에 자리가 없어서 1시간이나 서서 갔습니다.

腹が立つ。
(관용구) 화가 나다.

| 155 | **大学** だいがく | 대학 | N5 |

うちの大学は名古屋にあります。
우리 대학은 나고야에 있습니다.

| 156 | **使う** つか | 쓰다, 사용하다 | N4 |

パソコンを使って、論文を書きました。
컴퓨터를 사용하여 논문을 썼습니다.

| 157 | **着く** つ | 도착하다, 닿다 | N5 |

東京には、昨日着いたばかりです。
도쿄에는 어제 막 도착했습니다.

| 158 | **作る** (つくる) | 만들다 | N5 |

このワインはぶどうで作られました。
이 와인은 포도로 만들어졌습니다.

| 159 | **手紙** (てがみ) | 편지 → **葉書**はがき 엽서 | N5 |

私は昨日、日本の友だちから手紙をもらいました。
저는 어제, 일본 친구로부터 편지를 받았습니다.

| 160 | **出かける** (で) | 나가다, 외출하다 | N5 |

今雨が降っていて、どこへも出かけないつもりです。
지금 비가 오고 있어 아무데도 안 나갈 생각입니다.

木村さん、お出かけですか。
기무라 씨, 외출하십니까?

| 161 | **電話** (でんわ) | 전화 | N5 |

高橋さん、お電話ですよ。
다카하시 씨, 전화왔습니다.

| 162 | **図書館** (としょかん) | 도서관 | N5 |

図書館へ本を返しに行ってきます。
도서관에 책을 반납하러 다녀오겠습니다.

| 163 | **友達** (ともだち) | 친구 | N5 |

由美子さんとはいい友達になれそうです。
유미코 씨와는 좋은 친구가 될 수 있을 것 같습니다.

| 164 | **鳥** (とり) | 새 | N5 |

木の上に鳥がいます。
나무 위에 새가 있습니다.

165 撮る
と

찍다, 촬영하다 N4

すみません、ここでは写真を撮ってはいけません。
실례합니다, 여기에서는 사진을 찍으면 안됩니다.

166 どう

어떻게 N5

新宿駅へ行きたいんですけど、どう行けばいいですか。

신주쿠역에 가고 싶습니다만, 어떻게 가면 됩니까?

◎ どうですか。어떻습니까?
体の調子はどうですか。 몸 상태는 어떻습니까?
どうしましたか。 왜 그러세요?, 무슨 일이세요?
田中さん、どうしましたか。顔色が悪いですよ。
다나카 씨, 왜 그러세요? 안색이 좋지 않아요.

167 どちら

어느 쪽 → こちら 이쪽/そちら 그쪽/あちら 저쪽 N5

東はどちらですか。
동쪽은 어느 쪽입니까?

168 どんなに

아무리(대개 뒤에 ~ても를 동반) N4

どんなに探してみても、辞書はありませんでした。
아무리 찾아보아도 사전은 없었습니다.

169 中
なか

속, 안 / 가운데 ↔ 外 そと 밖, 바깥 N5

箱の中には、何も入っていません。
상자 속에는 아무것도 들어 있지 않습니다.

★中와 内의 차이
中(なか) - 주로 공간의 안, 내부를 나타낼 때 사용.
内(うち) - 시간적 범위를 나타낼 때 사용.

| 170 | **長い** なが | 길다 ↔ **短**みじかい 짧다 | N5 |

かさは、長いのも短いのもあります。
우산은, 긴 것도 짧은 것도 있습니다.

| 171 | **〜なら** | 〜라면〈조건〉 | N5 |

MP3を買うなら、やはりこの店がいいですね。
MP3를 살 거라면, 역시 이 가게가 좋습니다.

★なら와 たら・と・ば의 차이
네 가지 표현 모두 '〜라면'이란 뜻이지만 일본어에서는 상황에 따라 구별해서 써야 한다.
앞으로 일어날 전제 조건에 대해 말할 때에는 なら를 사용한다.
　여행을 갈 거라면, 역시 교토가 좋겠네요.
　・旅行に行くなら、やはり京都がいいですね。(○)
　・旅行に行くと(行けば/行ったら)、やはり京都がいいですね。(×)

| 172 | **にぎやかだ** | 번화하다, 떠들썩하다 ↔ **静**しずかだ 조용하다 | N5 |

ここは昔と違って、にぎやかになりました。
이곳은 옛날과 달리 번화해졌습니다.

| 173 | **〜にくい** | (동사 ます형에 접속) 〜하기 어렵다
↔ 〜やすい 〜하기 쉽다/좋다/편하다 | N4 |

このパンは大きくて、食べにくいです。もっと
小さく切ってください。
이 빵은 커서 먹기 어렵습니다. 좀더 작게 잘라주세요.

| 174 | **寝る** ね | 자다, 눕다 | N5 |

寝る前に、必ず歯を磨いてください。
자기 전에 반드시 이를 닦아 주세요.

弟はベッドに寝て、本を読んでいます。
남동생은 침대에 누워서 책을 읽고 있습니다.

175 働く (はたら)
일하다 — N5

先月は仕事が忙しくて、日曜日にも働きました。
지난달에는 일이 바빠서 일요일에도 일했습니다.

176 話す (はな)
이야기하다, 말하다 — N5

彼ともよく話してみてください。
그와도 잘 이야기해봐 주세요.

177 話 (はなし)
말, 이야기 — N5

先生の話によると、ピクニックは来月の一日になったそうです。
선생님 말씀에 의하면, 소풍은 다음달 1일로 되었다고 합니다.

178 春 (はる)
봄 — N5

春になって暖かくなりました。
봄이 되어 따뜻해졌습니다.

179 左 (ひだり)
왼쪽 ↔ 右みぎ 오른쪽 — N5

右も左もわかりません。
오른쪽도 왼쪽도 모릅니다.(아무것도 모른다는 의미의 겸손한 표현)

180 広い (ひろ)
넓다 ↔ 狭せまい 좁다 — N5

この部屋はちょっと狭いですね。もっと広い部屋ありませんか。
이 방은 조금 좁군요. 좀더 넓은 방 없을까요?

181 病院 (びょういん)
병원 — N5

この町には病院が一つしかありません。
이 동네에는 병원이 한 곳밖에 없습니다.

182 増える
ふえる

늘어나다, 증가하다 ↔ 減へる 줄어들다, 감소하다 **N4**

このごろ、体重が少し増えたようです。
요즘 체중이 좀 늘어난 것 같아요.

183 吹く
ふく

불다 → 服ふく 옷 **N5**

今日は雨も降っているし、強い風も吹いています。
오늘은 비도 내리고 있고 강한 바람도 불고 있습니다.

184 古い
ふるい

낡다, 오래되다 ↔ 新あたらしい 새롭다, 새것이다 **N5**

このテレビはもう古いですから、壊れてもかまいません。
이 텔레비전은 이제 오래되어서, 고장나도 괜찮습니다.

あの人は若いのに、考え方は古いです。
저 사람은 젊은데 사고방식은 고루합니다.

185 部屋
へや

방 **N5**

電気をつけたら、部屋が明るくなりました。
불을 켰더니 방이 환해졌습니다.

186 本
ほん

책 **N5**

私はテレビを見るより、本を読むのが好きです。
저는 텔레비전 보는 것보다 책 읽는 것을 좋아합니다.

187 毎日
まいにち

매일 **N5**

運動は毎日した方がいいですよ。
운동은 매일 하는 편이 좋아요.

188 町
まち

마을, 동네 **N5**

この町の祭りは、とても有名です。
이 마을의 축제는 아주 유명합니다.

189 見える (み)
보이다 — N4

大きな文字で書いたので、後ろでもよく見えます。
큰 글씨로 썼기 때문에 뒤에서도 잘 보입니다.

190 右 (みぎ)
오른쪽 ↔ 左 ひだり 왼쪽 — N5

あそこの角を右に曲がると、東京タワーが見えます。
저기 있는 모퉁이를 오른쪽으로 돌면 도쿄타워가 보입니다.

191 水 (みず)
물 — N5

昨日は一日中水が出なくて、とても大変でした。
어제는 하루종일 물이 안 나와서 아주 혼났습니다.

192 店 (みせ)
가게 — N5

うちの近所には、店がなくてとても不便です。
우리 집 근처에는 가게가 없어서 매우 불편합니다.

193 持つ (も)
가지다(소유하다), 들다 — N5

うちの兄は車を持っています。
우리 형은 차를 가지고 있습니다.

あの小さなかばんを持っている人は誰ですか。
저 작은 가방을 들고 있는 사람은 누구입니까?

194 野菜 (やさい)
채소, 야채 — N5

私は肉と野菜を一緒に食べるのが好きです。
저는 고기와 채소를 함께 먹는 것을 좋아합니다.

195 安い (やす)
싸다 ↔ 高 たかい 비싸다 — N5

あの店のケーキはおいしいですが、値段は安くないです。
저 가게 케이크는 맛있습니다만 값은 싸지 않습니다.

| 196 | 休む やす | 쉬다, 결석하다, 결근하다, 자다 | N5 |

ちょっと休みませんか。
잠깐 쉬지 않겠습니까?

学校を休むときは、必ず先生に電話で知らせてください。
학교를 결석할 때는 반드시 선생님께 전화로 알려주세요.

おやすみなさい。
안녕히 주무세요.

| 197 | 山 やま | 산 | N5 |

私の趣味は山登りです。
제 취미는 등산입니다.

| 198 | 夜 よる | 밤 | N5 |

夜になると、涼しくなります。
밤이 되면 서늘해집니다.

| 199 | 来週 らいしゅう | 다음주 ↔ 先週 せんしゅう 지난주 | N5 |

来週日本へ行ってきます。
다음주에 일본에 다녀오겠습니다.

| 200 | 旅行 りょこう | 여행 | N5 |

今度は仕事で来ましたが、次は旅行で来たいです。
이번에는 업무차 왔습니다만 다음에는 여행으로 오고 싶습니다.

| 201 | 忘れる (わす) | 잊어버리다, 까먹다 / (물건 등을) 안 가져오다, 두고 오다
↔ 覚おぼえる 기억하다, 외우다, 암기하다 | N4 |

彼女の名前を聞きましたが、忘れてしまいました。
그녀의 이름을 들었습니다만, 잊어버리고 말았습니다.

鉛筆を忘れてきて、隣の人に借りました。
연필을 안 갖고와서 옆사람에게 빌렸습니다.

확인문제 4회

問題 1 밑줄 친 단어를 어떻게 읽는지 보기에서 고르세요.

1 山田さんの研究室は何階ですか。
　① けんきゅしつ　　② けんきゅうしつ
　③ げんきゅしつ　　④ げんきゅうしつ

2 このごろ、体重が少し増えたようです。
　① かえた　② きえた　③ ふえた　④ もえた

問題 2 밑줄 친 단어를 어떻게 쓰는지 보기에서 고르세요.

3 この店はしなものも多くて、値段も安いです。
　① 品物　② 品者　③ 科物　④ 科者

4 春になると、あたたかくなります。
　① 温かく　② 暑かく　③ 暖かく　④ 涼かく

問題 3 괄호 안에 들어갈 알맞은 말을 고르세요.

5 近くにコンビニができた(　　)、買い物が便利になりました。
　① おせわで　② せいで　③ ところで　④ おかげで

6 明日彼は行かないかも(　　)。
　① しれます　　② しれません
　③ しります　　④ しりません

TEST

問題 4 다음 문장과 비슷한 의미의 문장을 고르세요.

[7] 春になると、あたたかくなります。 90

① 春になると、きおんがあがります。
② 春になると、きおんがさがります。
③ 春になると、しつどがあがります。
④ 春になると、しつどがさがります。

[8] 私は先生に万年筆をいただきました。 103

① 私は先生に万年筆をあげました。
② 私は先生に万年筆をさしあげました。
③ 先生は私に万年筆をもらいました。
④ 先生は私に万年筆をくださいました。

問題 5 다음 단어의 쓰임이 가장 올바른 것을 고르세요.

[9] しか 137

① きのう、買い物に母と二人しかいきました。
② お金は500円しかもっていません。
③ みんなうちへかえって、教室にいるのは私しかです。
④ ごはんがなくて、ラーメンしかたべました。

[10] どんなに 168

① この道をどんなにいくと、図書館があります。
② 雨がどんなにふりそうで、かさをもっていきます。
③ どんなにさがしてみても、辞書はありませんでした。
④ 田中さんはどんなに男らしい人です。

정답 7 ① 8 ④ 9 ② 10 ③

202 秋 (あき) — 가을 — N5
私は季節の中で、秋が一番好きです。
저는 계절 중에서 가을을 제일 좋아합니다.

203 明日 (あした) — 내일 ↔ 今日(きょう) 오늘 — N5
今日は行けませんが、明日なら行けます。
오늘은 못 갑니다만, 내일이라면 갈 수 있습니다.

204 集まる (あつ) — 모이다 — N4
明日の朝9時までに、学校の前に集まることになっています。
내일 아침 9시까지 학교 앞에 모이기로 되어 있습니다.

205 集める (あつ) — 모으다 — N4
私の趣味は切手を集めることです。
제 취미는 우표를 모으는 것입니다.

206 甘い (あま) — 달다 ↔ 苦(にが)い 쓰다 — N5
甘いものは、歯によくないです。
단것은 치아에 좋지 않습니다.

207 アルバイト — 아르바이트(회화체에서는 줄여서 バイト라고도 한다) — N4
今日はアルバイトがあって、遊びに行けません。
오늘은 아르바이트가 있어서 놀러 못 갑니다.

このバイトは忙しいしきついのに、時給はよくない。
이 알바는 바쁘고 고된데 시급은 좋지 않다.

208 安心 (あんしん) — 안심 — N4
ガンではありません。安心してください。
암이 아닙니다. 안심하세요.

209 安全
あんぜん

안전 — N4

車を運転するときは安全のために、必ずシートベルトをしてください。

차를 운전할 때에는 안전을 위해, 반드시 안전벨트를 해주세요.

210 以外
いがい

이외 — N4

これは３００円ですが、これ以外は全部１００円です。

이것은 300엔입니다만, 이것 이외는 전부 100엔입니다.

211 以上
いじょう

이상 ↔ 以下 いか 이하 — N4

もうおなかいっぱいです。これ以上は食べられません。

이미 배가 부릅니다. 더이상은 못 먹습니다.

212 いつも

언제나, 항상 — N5

彼はいつも遅れてきて、みんなに迷惑をかけています。

그는 항상 늦게 와서 모두에게 피해를 주고 있습니다.

213 意味
いみ

의미 — N5

辞書を引いて、言葉の意味を調べてみました。

사전을 찾아 단어의 의미를 조사해 보았습니다.

214 色
いろ

색 — N5

私は暗い色より、明るい色のほうが好きです。

저는 어두운 색보다 밝은 색을 좋아합니다.

| 215 | **歌** うた | 노래 | N5 |

小川さんは本当に歌がお上手ですね。
오가와 씨는 정말 노래를 잘하시는군요.

| 216 | **写す** うつ | 찍다/베끼다 | N5 |

みんなで公園へ行って、写真を写しました。
다 같이 공원에 가서 사진을 찍었습니다.

本を見てそのまま写したのは、レポートとして認めません。
책을 보고 그대로 베낀 것은 리포트로 인정하지 않겠습니다.

| 217 | **海** うみ | 바다 | N5 |

韓国の東海の海は、本当にすばらしいです。
한국의 동해바다는 정말로 멋집니다.

| 218 | **映画** えいが | 영화 | N5 |

週末、家族で映画を見に行きました。
주말에 가족끼리 영화를 보러 갔습니다.

| 219 | **映画館** えいがかん | 영화관, 극장 | N5 |

朝から映画館の前に、たくさんの人が並んでいます。
아침부터 극장 앞에 많은 사람이 줄 서 있습니다.

| 220 | **円** えん | 엔 | N5 |

このパンは一つ、300円です。
이 빵은 하나에 300엔입니다.

◎ 円高(えんだか) 엔고 ↔ 円安(えんやす) 엔저

221 おいしい

맛있다 ↔ まずい 맛없다
→ うまい 맛있다

N5

母が作ってくれる料理が一番おいしいです。
어머니가 만들어주는 요리가 제일 맛있습니다.

222 お金 (かね)

돈

N5

昨日、持っているお金を全部使ってしまいました。
어제 갖고 있는 돈을 전부 써버렸습니다.

223 遅れる (おく)

늦다, 지각하다

N5

私は今朝、朝寝坊して学校に遅れてしまいました。
저는 오늘 아침 늦잠을 자서 학교에 늦고 말았습니다.

224 教える (おし)

가르치다 ↔ 習ならう 배우다, 익히다

N5

すみませんが、この言葉の意味を教えていただけませんか。
죄송합니다만, 이 단어의 의미를 가르쳐 주실 수 있겠습니까?

225 お大事に (だいじ)

(아픈 사람에게) 몸조리 잘하세요

N4

私はかぜを引いた加藤さんに「お大事に」と言いました。
저는 감기에 걸린 가토 씨에게 '몸조리 잘하세요'라고 말했습니다.

226 思い出す (おも だ)

생각해내다, 떠올리다

N4

あの人とは同じクラスだったのに、名前が思い出せません。
저 사람과는 같은 반이었는데 이름이 생각이 안 납니다.

| 227 | 思う
おも | 생각하다 (주로 감정적)
→ 考かんがえる 생각하다 (주로 수리적·이성적) | N5 |

これからごみ問題について発表したいと思います。
지금부터 쓰레기 문제에 대해 발표하겠습니다.

| 228 | 女
おんな | 여자 ↔ 男おとこ 남자 | N5 |

この大学には、女の人しか入れません。
이 대학에는 여자밖에 들어갈 수 없습니다.

◎ 女보다는 女の人를 쓰는 게 좀더 정중한 느낌을 준다.

| 229 | 会社
かいしゃ | 회사 | N5 |

ここからうちの会社までは、歩いても5分ぐらいです。
여기에서 우리 회사까지는 걸어가도 5분 정도입니다.

| 230 | 返す
かえ | 돌려주다, 갚다 | N4 |

太郎君に借りたお金を全部返しました。
다로 군에게 빌린 돈을 전부 갚았습니다.

| 231 | 風邪
かぜ | 감기 → 風かぜ 바람 | N5 |

昨日は風邪で、学校を休みました。
어제는 감기 때문에 학교를 쉬었습니다.

◎ 風邪を引く 감기에 걸리다

| 232 | カメラ | 카메라 | N5 |

この新しいカメラは、昨日買ったばかりです。
이 새 카메라는 어제 막 샀습니다.

233 通う
かよ

(학교, 학원, 직장 등을 정기적으로) 다니다   **N4**

ジョンさんは日本語の学校に通っています。
존 씨는 일본어 학원에 다니고 있습니다.

234 考える
かんが

생각하다   **N4**

もうちょっと、将来のことについて考えてみましょう。

좀 더 장래에 대해서 생각해 봅시다.

★ 思う와 考える의 차이
思う - 주로 감정적, 감성적으로 생각할 때 사용.
考える - 주로 이성적, 논리적, 수리적으로 생각할 때 사용.
수학문제를 생각하다.
・数学の問題を考える。(○)
・数学の問題を思う。(×)

235 ～がる

(형용사 어간에 접속하여 형용사를 동사로 바꾸어준다)
～하다   **N4**

森永さんは彼女と別れて、とてもさびしがっています。
모리나가 씨는 여자 친구와 헤어지고 매우 외로워하고 있습니다.

彼は鈴木さんと映画に行くのをいやがっています。
그는 스즈키 씨와 영화보러 가는 걸 꺼려하고 있습니다.

その知らせを聞いて、みんなうれしがっています。
그 소식을 듣고 모두 기뻐하고 있습니다.

236 北
きた

북, 북쪽 ↔ 南 みなみ 남, 남쪽   **N5**

北の空が赤くなってきました。
북쪽 하늘이 붉어지기 시작하였습니다.

| 237 | **汚い** きたな | 더럽다 ↔ きれいだ 깨끗하다 | N5 |

さっき掃除したのに、もう汚くなりました。
방금 전 청소했는데 벌써 더러워졌습니다.

| 238 | **切手** きって | 우표 | N5 |

手紙に切手をはって送りました。
편지에 우표를 붙여서 보냈습니다.

| 239 | **急だ** きゅう | 갑작스럽다, 급하다 | N4 |

急におなかが痛くなって、病院へ行きました。
갑자기 배가 아파져서 병원에 갔습니다.

| 240 | **教室** きょうしつ | 교실 | N5 |

みなさん、教室で走ったりしないでください。
여러분, 교실에서 뛰거나 하지 말아주세요.

| 241 | **暗い** くら | 어둡다 ↔ 明あかるい 밝다 | N5 |

急に空が暗くなって、雨が降り始めました。
갑자기 하늘이 어두워지더니 비가 내리기 시작했습니다.

| 242 | **経験** けいけん | 경험 | N4 |

小説家になるためには、もっといろいろな経験をした方がいいですよ。
소설가가 되기 위해서는 좀더 여러 가지 경험을 하는 게 좋습니다.

| 243 | **公園** こうえん | 공원 | N5 |

うちの前には、静かでいい公園があります。
우리 집 앞에는 조용하고 좋은 공원이 있습니다.

244 工場
こうじょう
공장 — N4

この町には工場がたくさんあって、空気があまりよくないです。

이 마을에는 공장이 많아서, 공기가 그다지 좋지 않습니다.

245 ここ
여기, 이곳 → そこ 거기, 그곳 / あそこ 저기, 저곳 — N5

ここではタバコを吸ってはいけません。

이곳에서는 담배를 피우면 안됩니다.

246 故障
こしょう
고장 — N4

このパソコン、故障のようですね。

이 컴퓨터 고장난 것 같군요.

247 こちらこそ
저야말로 — N4

「これからもよろしくお願いします。」

앞으로도 잘 부탁드립니다.

「こちらこそ、よろしくお願いします。」

저야말로 잘 부탁드립니다.

248 今年
ことし
올해 — N5

今年、大学を卒業しました。

올해 대학을 졸업했습니다.

249 子供
こども
아이, 어린이, 자녀 ↔ 大人 おとな 어른, 성인 — N5

子供たちが運動場で遊んでいます。

아이들이 운동장에서 놀고 있습니다.

250 コーヒー

커피   N4

今日はコーヒーを5杯も飲みました。
오늘은 커피를 5잔이나 마셨습니다.

◎ コピー(복사)와 혼동하지 말자.

251 午前
ごぜん

오전 ↔ 午後 ごご 오후   N4

午前中は本当に忙しかったが、午後は少し暇になりました。

오전 중에는 정말 바빴으나, 오후에는 좀 한가해졌습니다.

252 御飯
ごはん

밥   N5

ご飯を食べながら、テレビを見ます。
밥을 먹으면서 텔레비전을 봅니다.

253 失敗
しっぱい

실패 / 실수   N4

何度失敗しても、私はあきらめません。
몇 번 실패해도 저는 포기하지 않습니다.

失敗は誰でもします。
실수는 누구나 합니다.

254 質問
しつもん

질문   N4

質問ある人は、あとで私のところへ来てください。
질문있는 사람은 나중에 제 방으로 와 주세요.

255 死ぬ
し

죽다, 사망하다 ↔ 生いきる 살다   N5

うちの犬は、去年交通事故で死にました。
우리 집 개는 작년에 교통사고로 죽었습니다.

256 食事
しょくじ

식사　　　　　　　　　　　　　　　　　N4

食事時間は１時間です。
しょくじ じかん いちじかん
식사시간은 1시간입니다.

257 調べる
しら

조사하다　　　　　　　　　　　　　　N4

新しい単語を辞書で調べてみてください。
あたら たんご じしょ しら
새 단어를 사전에서 찾아봐 주세요.

258 白い
しろ

하얗다 ↔ 黒くろい 검다　　　　　　　N5

姉は白い色が好きだそうです。
あね しろ いろ す
언니는 하얀색을 좋아한다고 합니다.

259 親切だ
しんせつ

친절하다　　　　　　　　　　　　　　N4

彼女は誰にも親切で、みんなに人気があります。
かのじょ だれ しんせつ にんき
그녀는 누구에게나 친절하여, 모두에게 인기가 있습니다.

260 心配
しんぱい

걱정　　　　　　　　　　　　　　　　N4

テストの結果が心配で、夜眠れません。
けっか しんぱい よるねむ
시험결과가 걱정되어 밤에 잠을 못 잡니다.

261 ～時
じ

～시　　　　　　　　　　　　　　　　N5

すみませんが、会議は何時ごろ終わるでしょうか。
かいぎ なんじ お
실례합니다만, 회의는 몇 시쯤 끝날까요?

262 自転車
じてんしゃ

자전거　　　　　　　　　　　　　　　N5

学校まで自転車で２０分ぐらいかかります。
がっこう じてんしゃ にじゅっぷん
학교까지 자전거로 20분 정도 걸립니다.

263 十分だ
じゅうぶん

충분하다 → 十分じゅっぷん 10분　　　N4

高校生のおこづかいは、月１万円で十分です。
こうこうせい つきいちまんえん じゅうぶん
고등학생의 용돈은 한 달에 만 엔으로 충분합니다.

264 人口
じんこう

인구 — N4

この町の人口はかなり減っています。
이 마을의 인구는 상당히 줄어들고 있습니다.

265 涼しい
すず

시원하다, 서늘하다 → 冷つめたい 차갑다 / 냉정하다 — N5

9月になると、昼はまだ暑いが、夜は涼しくなりますね。
9월이 되면, 낮에는 아직 덥지만 밤에는 서늘해집니다.

266 先生
せんせい

선생님 — N5

私は将来、小学校の先生になりたいです。
저는 장래, 초등학교 선생님이 되고 싶습니다.

267 相談
そうだん

상담 — N4

先生と相談してから、進学する大学を決めます。
선생님과 상담하고나서 진학할 대학을 결정하겠습니다.

268 外
そと

밖, 바깥 ↔ 中なか 속, 안 — N5

外は今日も雨が降っています。
밖에는 오늘도 비가 오고 있습니다.

269 空
そら

하늘 — N5

青い空を見ていると、気持ちよくなりました。
파란 하늘을 보고 있으니 기분좋아졌습니다.

270 退院
たいいん

퇴원 — N4

彼は手術も終わって、来週退院する予定です。
그는 수술도 끝나서 다음주에 퇴원할 예정입니다.

271 大使館 (たいしかん)
대사관 — N4

韓国大使館はここからそんなに遠くないです。
한국대사관은 여기에서 그렇게 멀지 않습니다.

272 大切だ (たいせつ)
중요하다, 소중하다 — N4

もっと時間を大切に使ってください。
좀더 시간을 소중히 사용해 주세요.

273 大変だ (たいへん)
힘들다, 고생스럽다, 큰일이다 / (부사) 매우, 몹시, 크게 — N4

初めて行った外国で、道に迷って大変でした。
처음으로 간 외국에서 길을 잃어 고생하였습니다. (道に迷う 길을 잃다, 헤매다)

火事だ!! 大変だ、大変だ。
불이야!! 큰일났다, 큰일났다.

日本では大変お世話になりました。
일본에서는 크게 신세를 졌습니다.

274 尋ねる (たず)
묻다, 문의하다 — N4

地図を見ても道がわからなくて、人に尋ねてみました。
지도를 봐도 길을 몰라서 사람들에게 물어보았습니다.

275 訪ねる (たず)
방문하다, 찾아가다 — N4

京都にはいつもたくさんの観光客が訪ねてきます。
교토에는 항상 많은 관광객이 방문합니다.

276 建物 (たてもの)
건물 — N5

この建物の入り口はどこですか。
이 건물의 입구는 어디입니까?

| 277 | **楽しい**
 たの | 즐겁다, 재미있다 | N5 |

昨日のパーティーは本当に楽しかったです。
어제 파티는 정말 즐거웠습니다.

| 278 | **足りる**
 た | 족하다, 충분하다 ↔ 足たりない 모자라다, 부족하다 | N4 |

時間が足りなかったので、テストの結果がよくありません。
시간이 부족했기 때문에 시험결과가 좋지 않습니다.

| 279 | **大事だ**
 だいじ | 중요하다, 소중하다 | N4 |

大事な用を忘れていました。
중요한 일을 잊고 있었습니다.

それでは、お大事に。
그럼, 몸조리 잘하세요. (아픈 사람에게)

| 280 | **近く**
 ちか | 근처 → 近ちかい 가깝다 | N5 |

この近くに薬屋ありませんか。
이 근처에 약국 없을까요?

| 281 | **違う**
 ちが | 다르다 / 틀리다, 아니다 | N5 |

私の考えは、智子さんの考えと違います。
제 생각은 도모코 씨의 생각과 다릅니다.

「あの、山本さんですか。」
저, 야마모토 씨 되십니까?

「いいえ、違います。」
아니요, 그렇지 않습니다.

282 茶色
ちゃいろ

갈색 — N5

昨日買い物に行って、茶色のかばんを買いました。
어제 쇼핑가서 갈색 가방을 샀습니다.

283 注意
ちゅうい

주의 — N4

次郎君は何度注意しても、また同じ失敗をします。
지로 군은 몇 번 주의를 주어도 또 같은 실수를 합니다.

284 強い
つよ

세다, 강하다 ↔ 弱よわい 약하다 — N5

今日は一日中強い風が吹いています。
오늘은 하루 종일 강한 바람이 불고 있습니다.

285 店員
てんいん

점원 — N4

探している品物がなくて、店員に聞いてみました。
찾고 있는 물건이 없어서 점원에게 물어보았습니다.

286 時々
ときどき

때때로 → たまに 가끔 — N5

私は時々お酒を飲みます。
나는 때때로 술을 마십니다.

287 特に
とく

특히 — N4

私は動物が好きですが、特に犬が大好きです。
저는 동물을 좋아하는데, 특히 개를 아주 좋아합니다.

288 時計
とけい

시계 — N5

弟に時計をプレゼントしました。
남동생에게 시계를 선물했습니다.

289 止まる (と)
멈추다, 서다, 정지하다 → 泊とまる 묵다, 숙박하다 **N4**

事故で電車が止まって、遅刻してしまいました。
사고로 전철이 멈춰서 지각하고 말았습니다.

290 止める (と)
멈추게하다, 세우다 / 말리다 / 주차하다 **N4**

タクシーを止めました。
택시를 세웠습니다(잡았습니다).

けんかを止めてください。
싸움을 말려주세요.

車を止めるところがありません。
차를 세울(주차할) 곳이 없습니다.

291 どうして
왜, 어째서 → なぜ 왜 **N5**

どうしてそんなことを言いましたか。
왜 그런 말을 했습니까?

292 どれ
어느 것 **N5**

この中で、どれが鈴木さんのくつですか。
이 중에 어느 것이 스즈키 씨의 구두입니까?

293 ない
없다 / ~않다(부정문) ↔ ある 있다 **N5**

この部屋に、テレビはないよ。
이 방에 텔레비전은 없어.

今日は朝から、何も食べていない。
오늘은 아침부터 아무것도 먹지 않았다.

そんなに重くないから、一人で持てますよ。
그렇게 무겁지 않으니까 혼자서 들 수 있습니다.

| 294 | **なるべく** | 될 수 있는 한, 되도록 → できるだけ 가능한 한 | N4 |

明日はちょっと忙しいが、なるべく7時前には来るようにしてみます。
내일은 좀 바쁘지만 되도록 7시 전에는 오도록 해보겠습니다.

★なるべく와 できるだけ의 차이
なるべく - 만약, 혹시 가능하다면.(다소 적극성은 떨어지는 뉘앙스)
できるだけ - 최선을 다해, 해볼 수 있을 때까지.(적극적이며 노력도 동반하는 뉘앙스)

| 295 | **西** にし | 서, 서쪽 ↔ 東 ひがし 동, 동쪽 | N5 |

西の空が暗くなってきました。
서쪽 하늘이 어두워지기 시작했습니다.

| 296 | **入院** にゅういん | 입원 ↔ 退院 たいいん 퇴원 | N4 |

軽いかぜですから、入院する必要はありません。
가벼운 감기이니까, 입원할 필요는 없습니다.

| 297 | **庭** にわ | 정원, 뜰, 마당 | N5 |

銀閣寺の庭は本当にすばらしいです。
은각사의 정원은 정말로 훌륭합니다.

| 298 | **乗る** の | 타다 ↔ 降おりる 내리다 | N5 |

学校まで自転車に乗って行きます。
학교까지 자전거를 타고 갑니다.

◎ ～に乗る ～을(를) 타다

299 履く
は

(바지, 치마 등을) 입다 / (구두, 양말 등을) 신다
→ 着きる (옷을) 입다

N5

由美子ゆみこさんは今日きょうは青あいスカートをはいています。
유미코 씨는 오늘은 파란색 치마를 입고 있습니다.

足あしが冷つめたくて、厚あついくつしたをはいています。
발이 차가워서 두꺼운 양말을 신고 있습니다.

★履く와 着る의 차이
履(は)く - 발과 허리 아래로 입는 데에 사용한다.(구두, 양말, 스타킹, 바지, 치마, 팬티 등)
着(き)る - 세분화하면 허리 위로 입는 데에 사용하지만, 위아래 구분없이 '입다'를 표현할 때는 이쪽을 사용한다.

300 花
はな

꽃 → 鼻はな 코

N5

うちの庭にわにはきれいな花はながたくさんさいています。
우리 집 정원에는 예쁜 꽃이 많이 피어 있습니다.

301 貼る
は

(풀, 접착제 등으로) 붙이다 → 春はる 봄

N5

ノートに好すきな人ひとの写真しゃしんをはっておきました。
공책에 좋아하는 사람의 사진을 붙여놓았습니다.

302 パーティー
파티

N5

この前まえのパーティーは、あまり楽たのしくなかったです。
얼마 전의 파티는 그다지 재미있지 않았습니다.

303 東
ひがし

동, 동쪽 ↔ 西にし 서, 서쪽

N5

東ひがしの方ほうに見みえる山やまが、あの有名ゆうめいな富士山ふじさんです。
동쪽에 보이는 산이 그 유명한 후지산입니다.

304 美術館
びじゅつかん

미술관

N4

姉あねは絵えを見みることが好すきで、月つきに1回いっかいは美術館びじゅつかんへ行いきます。
언니는 그림보는 걸 좋아해서 한 달에 한 번은 미술관에 갑니다.

305 不便だ (ふべん)

불편하다 ↔ 便利べんりだ 편리하다　N4

このマンションは駅から遠くて、交通が不便です。
이 맨션은 역에서 멀어서 교통이 불편합니다.

306 ～分 (ふん)

～분　N5

私は毎日、３０分ずつ運動をしています。
저는 매일 30분씩 운동을 합니다.

307 便利だ (べんり)

편리하다　N5

このアパートは駅から近いし近くにコンビニもあって、とても便利です。
이 아파트는 역에서 가깝고 근처에 편의점도 있어 매우 편리합니다.

308 方 (ほう)

～편, ～쪽 → 方かた 분/～하는 방법　N5

たばことお酒は、早くやめた方がいいですよ。
담배와 술은 빨리 끊는 편이 좋습니다.

309 ほとんど

거의, 대부분　N4

宿題はほとんど終わりました。
숙제는 거의 끝냈습니다.

田村さんは食欲がないといって、ご飯をほとんど食べていません。
다무라 씨는 식욕이 없다며, 밥을 거의 먹지 않았습니다.

310 ～ほど

～만큼, ～정도　N4

この部屋は、あの部屋ほど広くありません。
이 방은 저 방만큼 넓지 않습니다.

311 間に合う (ま あ)
제 시간에 대다 — N4

7時に家を出れば、１０時の飛行機に間に合うでしょう。
7시에 집을 나서면 10시 비행기 시간에 늦지 않겠지요.

312 磨く (みが)
(윤이 나게 문질러) 닦다 — N5

くつをきれいに磨いてください。
구두를 깨끗이 닦아 주세요.

寝る前に必ず歯を磨きましょう。
자기 전에 반드시 이를 닦읍시다.

313 南 (みなみ)
남, 남쪽 ↔ 北きた 북, 북쪽 — N5

暖かい南の国へ行きたいです。
따뜻한 남쪽 나라에 가고 싶습니다.

314 難しい (むずか)
어렵다 ↔ 易やさしい 쉽다 — N5

今日のテストは本当に難しかったです。
오늘 시험은 정말로 어려웠습니다.

315 もうすぐ
이제 곧 — N4

秋も終わって、もうすぐ冬が来ますね。
가을도 끝났고, 이제 곧 겨울이 오겠군요.

◎ すぐ 앞에 もう가 붙은 형태인 もうすぐ는 과거형, 현재형에는 쓰이지 않고, 항상 미래형과 함께 쓰인다.

316 もらう
(내가 남에게, 남이 남에게) 받다 — N4

私は兄から本をもらいました。
저는 형에게 책을 받았습니다.

田中さんは山田さんにケーキをもらいました。
다나카 씨는 야마다 씨에게 케이크를 받았습니다.

317 ～てもらう
(동사 て형에 접속하여) ~해 받다 **N4**

私は兄に本を買ってもらいました。
저는 형에게 책을 사 받았습니다.(=형은 저에게 책을 사 주었습니다)

318 休み
やす

휴식, 휴일, 쉬는 날, 휴가, 방학 **N5**

今は休み時間です。
지금은 쉬는 시간(휴식시간)입니다.

今日は休みで、会社へ行きません。
오늘은 휴일이어서 회사에 가지 않습니다.

夏休みはいつからですか。
여름휴가(여름 방학)는 언제부터입니까?

319 夕方
ゆうがた

저녁 무렵, 해 질 무렵(오후 5, 6시 무렵) **N5**

(天気予報) 今日は夕方ごろから雨が降るでしょう。
(일기예보) 오늘은 저녁 무렵부터 비가 오겠습니다.

320 洋服
ようふく

옷(우리말의 양복과 혼동하지 말 것) **N5**

昨日友達とデパートへ行って、新しい洋服を買いました。
어제 친구와 백화점에 가서 새 옷을 샀습니다.

321 よく
잘 / 자주 **N5**

うちの子は、何でもよく食べます。
우리 아이는 뭐든지 잘 먹습니다.

話が難しすぎて、よくわかりません。
이야기가 너무 어려워서 잘 모르겠습니다.

322 ラジオ — 라디오　N5

私はテレビより、ラジオを聞くのが好きです。
저는 텔레비전보다 라디오를 듣는 것을 좋아합니다.

323 料理 (りょうり) — 요리　N5

それぐらいの簡単な料理は、私も作れます。
그 정도의 간단한 요리는 저도 만들 수 있습니다.

324 悪い (わる) — 나쁘다 ↔ いい 좋다　N5

今日は体の調子が悪いので、お先に失礼します。
오늘은 몸상태가 나빠서 먼저 실례하겠습니다.

확인문제 5회

問題 1 밑줄 친 단어를 어떻게 읽는지 보기에서 고르세요.

1 今日は夕方ごろから雨が降るでしょう。
① ゆうかた ② ゆうがた ③ ゆうほう ④ ゆうぼう

2 さっき掃除したのに、もう汚くなりました。
① すずしく ② ふとく ③ ながく ④ きたなく

問題 2 밑줄 친 단어를 어떻게 쓰는지 보기에서 고르세요.

3 京都にはいつもたくさんの観光客がたずねてきます。
① 訪ねて ② 終ねて ③ 聞ねて ④ 見ねて

4 姉は絵を見ることが好きで、月に1回はびじゅつかんへ行きます。
① 美述館 ② 美述官 ③ 美術館 ④ 美術官

問題 3 괄호 안에 들어갈 알맞은 말을 고르세요.

5 彼は(　　)遅れてきて、みんなに迷惑をかけています。
① いつか ② いつも ③ いつなら ④ いつしか

6 太郎君に借りたお金を全部(　　)。
① かしました ② かいました
③ かえりました ④ かえしました

정답 1② 2④ 3① 4③ 5② 6④

TEST

問題 4 다음 문장과 비슷한 의미의 문장을 고르세요.

[7] 私は今朝、朝寝坊して学校におくれてしまいました。

① 私は今朝、朝寝坊して学校にいってしまいました。
② 私は今朝、朝寝坊して学校にきてしまいました。
③ 私は今朝、朝寝坊して学校にちこくしてしまいました。
④ 私は今朝、朝寝坊して学校にもどってしまいました。

[8] ジョンさんは日本語の学校にかよっています。

① ジョンさんは日本語の学校のがくせいです。
② ジョンさんは日本語の学校につとめています。
③ ジョンさんは日本語の学校のせんせいです。
④ ジョンさんは日本語の学校ではたらいています。

問題 5 다음 단어의 쓰임이 가장 올바른 것을 고르세요.

[9] まにあう

① 7時に家を出れば、10時の飛行機にまにあうでしょう。
② 一生懸命に勉強してテストにまにあいました。
③ ごはんを食べすぎて、おなかがまにあいます。
④ まじめな人ですから、きっと約束をまにあうでしょう。

[10] たりる

① ここは人がたくさんたりて、とてもにぎやかなところです。
② 彼女とはもうたりたいとおもっています。
③ 時間がたりなかったので、テストの結果がよくありません。
④ ねる前に、必ずはをたりてください。

325 挨拶 (あいさつ) — 인사 — N5

太郎は先生にあいさつをしました。
다로는 선생님께 인사를 했습니다.

326 あげる — (내가 남에게, 남이 남에게) 주다 — N4

私は田中さんにプレゼントをあげました。
나는 다나카 씨에게 선물을 주었습니다.

田中さんは山田さんにプレゼントをあげました。
다나카 씨는 야마다 씨에게 선물을 주었습니다.

327 〜てあげる — (동사 て형에 접속하여) 〜해 주다 — N4

私は太郎君に数学を教えてあげました。
저는 다로 군에게 수학을 가르쳐 주었습니다.

328 上げる (あげる) — 올리다 ↔ 下さげる 내리다 — N5

明日行ける人、手を上げてください。
내일 갈 수 있는 사람 손들어 보세요.

329 味 (あじ) — 맛 — N4

このお菓子は、味はいいがちょっと高いですね。
이 과자는 맛은 좋은데 좀 비싸군요.

◎ 味がする 맛이 나다

330 あそこ — 저기, 저쪽 → あっち 저쪽 — N5

ここは台所で、あそこはトイレです。
여기는 부엌이고 저기는 화장실입니다.

| 331 | **謝る** あやま | 사과하다 | N4 |

人の足を踏んだので、「ごめんなさい」と謝りました。
남의 발을 밟아서 '미안합니다'라고 사과했습니다.

| 332 | **意見** いけん | 의견 | N4 |

自分の意見をはっきり言ってください。
자신의 의견을 확실히 말해주세요.

| 333 | **急ぐ** いそ | 서두르다, 급하다 | N4 |

時間がありません。もっと急がなければいけません。
시간이 없습니다. 좀더 서두르지 않으면 안됩니다.

急ぎますか。では先にどうぞ。
급하세요(급한 일이세요)? 그럼 먼저 하세요.

急がば回れ。
급할수록 돌아가라.(속담)

| 334 | **一生懸命** いっしょうけんめい | 열심히 | N4 |

一生懸命に勉強をして、試験に合格しました。
열심히 공부해서 시험에 합격하였습니다.

| 335 | **一緒** いっしょ | 함께 | N5 |

佐藤さんは家族と一緒にアメリカへ行きました。
사토 씨는 가족과 함께 미국에 갔습니다.

| 336 | **犬** いぬ | 개 | N5 |

私は犬もねこも好きです。
저는 개도 고양이도 좋아합니다.

| 337 | 今 (いま) | 지금 | N5 |

今みんな勉強しているから、静かにしなさい。
지금 모두 공부하고 있으니 조용히 하거라.

| 338 | 入り口 (いぐち) | 입구 ↔ 出口 でぐち 출구 | N5 |

このビルの入り口はどこですか。
이 빌딩의 입구는 어디입니까?

| 339 | 上 (うえ) | 위 ↔ 下 した 아래 | N5 |

ベッドの上で、ねこが寝ています。
침대 위에서 고양이가 자고 있습니다.

| 340 | 受ける (う) | 받다/(시험을)보다 | N4 |

私はその先生に、いろいろな影響を受けました。
저는 그 선생님께 여러 가지 영향을 받았습니다.

テストを受けなければなりません。
시험을 보지 않으면 안됩니다.

| 341 | 後ろ (うし) | 뒤 ↔ 前 まえ 앞 | N5 |

うちの後ろに大きな公園ができました。
집 뒤에 큰 공원이 생겼습니다.

| 342 | 歌う (うた) | 노래하다 | N5 |

カラオケへ行ってみんなでお酒を飲んだり、
歌を歌ったりしました。
노래방에 가서 다 함께 술을 마시기도 하고 노래를 부르기도 했습니다.

343 売り場
うりば

매장 — N4

すみません、婦人服売り場は何階でしょうか。
실례합니다, 여성복 매장은 몇 층인가요?

344 運転
うんてん

운전 — N4

私も早く運転したいですが、まだ車がありません。
저도 빨리 운전하고 싶습니다만, 아직 차가 없습니다.

345 運転手
うんてんしゅ

운전 기사 — N4

荷物が多くてタクシーに乗るのが大変でしたが、運転手さんが助けてくれました。
짐이 많아서 택시타기가 힘들었는데 운전 기사가 도와주었습니다.

346 運動
うんどう

운동 — N5

5分でもいいから、運動は毎日した方がいいですよ。
5분이라도 좋으니까 운동은 매일 하는 편이 좋습니다.

347 絵
え

그림 — N5

壁にすばらしい絵がかけてあります。
벽에 멋진 그림이 걸려 있습니다.

348 英語
えいご

영어 — N4

英語で自己紹介をしてください。
영어로 자기소개를 해주세요.

349 エスカレーター

에스컬레이터 — N4

エスカレーターが故障して止まっています。
에스컬레이터가 고장나서 멈춰서 있습니다.

350 エレベーター
엘리베이터 — N5

エレベーターがあれば、年よりも楽に２０階まで行けます。

엘리베이터가 있으면 노인도 편하게 20층까지 갈 수 있습니다.

351 遠慮 (えんりょ)
사양, 삼감 — N4

山田さん、どうぞご遠慮なくたくさん召し上がってください。

야마다 씨, 어서 사양하지 마시고 많이 잡수세요.

ここは禁煙区域ですから、おタバコはご遠慮ください。

이곳은 금연구역이니 담배는 삼가주세요.

352 大勢 (おおぜい)
많이, 여럿 — N5

新宿駅は、いつもおおぜいの人で込んでいます。

신주쿠역은 언제나 많은 사람으로 붐비고 있습니다.

おおぜいでピクニックに行って、とても楽しかったです。

여럿이서 소풍을 가서 아주 즐거웠습니다.

353 お帰りなさい (かえ)
다녀오셨어요? ↔ ただいま 다녀왔습니다 — N5

「ただいま。」

다녀왔습니다.

「おかえりなさい。」

다녀오셨어요?(이제 오세요?, 어서 오세요)

| 354 | 起こす (お) | 일으키다/(잠에서) 깨우다 | N4 |

彼はもう前の会社でも、いろいろな問題を起こした人ですよ。
그는 이미 전 회사에서도 여러 가지 문제를 일으킨 사람이에요.

寝ている子供を起こして、学校へ行かせました。
자고 있는 아이를 깨워서 학교에 보냈습니다.

| 355 | 押す (お) | 밀다/누르다 | N5 |

危ないですから、後ろで押さないでください。
위험하오니 뒤에서 밀지 말아 주세요.

このボタンを押すと、機械が動きます。
이 버튼을 누르면 기계가 움직입니다.

| 356 | 遅い (おそ) | 늦다 ↔ 早はやい 이르다/速はやい 빠르다 | N5 |

こんな遅い時間に電話をするのは、失礼です。
이런 늦은 시간에 전화를 하는 것은 실례입니다.

| 357 | お茶 (ちゃ) | 차 | N5 |

私はコーヒーよりお茶をよく飲みます。
저는 커피보다 차를 즐겨 마십니다.

| 358 | おととい | 그제, 그저께 | N5 |

山本さんのお誕生日はおとといでした。
야마모토 씨의 생일은 그제였습니다.

| 359 | 同じだ (おな) | 같다 | N5 |

石川さんは、いつも同じ服を着ています。
이시카와 씨는 언제나 같은 옷을 입고 있습니다.

| 360 | **お願いします** | 부탁합니다 | N5 |

ねが

皆さん、今年もよろしくお願いします。
여러분, 올해도 잘 부탁합니다.

| 361 | **おはよう** | 안녕 → おはようございます 안녕하세요 | N5 |

学生：先生、おはようございます。
학생 : 선생님, 안녕하세요.

先生：みんな、おはよう。
선생님 : 모두, 안녕.

| 362 | **おめでとう** | 축하합니다 | N5 |

就職が決まったそうですね。おめでとうございます。
취직이 결정되었다면서요? 축하드립니다.

| 363 | **降りる** | 내리다 ↔ 乗る 타다 | N5 |

お台場へ行く方は、この駅で降りてください。
오다이바에 가실 분은 이 역에서 내려 주세요.

タクシーを降りる。
택시에서 내리다.

◎ 〜を降りる 〜에서 내리다

| 364 | **音楽** | 음악 | N5 |

おんがく

今日は音楽の授業があります。
오늘은 음악 수업이 있습니다.

| 365 | **かける** | (물건을) 걸다 / (전화를) 걸다 / (안경 등을) 쓰다 / 걸터앉다 / (걱정, 폐 등을) 끼치다 → かかる 걸리다 | N4 |

この写真はあの壁にかけておきましょう。
이 사진은 저 벽에 걸어 놓읍시다.

家を出る前に、友だちに電話をかけました。
집을 나서기 전에 친구에게 전화를 걸었습니다.

あの赤い眼鏡をかけている人が橋本さんです。
저기 빨간 안경을 쓰고 있는 사람이 하시모토 씨입니다.

どうぞ、こちらにおかけください。
자, 이쪽에 앉으세요.

先生に心配をかける。
선생님께 걱정을 끼치다.

みんなに迷惑をかけてしまいました。
모두에게 폐를 끼치고 말았습니다.

| 366 | **〜かどうか** | 〜할지 안 할지 | N4 |

明日のパーティーへ行くかどうか、まだ決めていません。
내일 파티에 갈지 말지 아직 정하지 않았습니다.

| 367 | **必ず** かなら | 반드시 | N4 |

明日の飛行機に必ず乗ってください。
내일 비행기에 반드시 타 주세요.

| 368 | **紙** かみ | 종이 | N5 |

青い紙と黄色い紙が3枚ずつあります。
파란 종이와 노란 종이가 3장씩 있습니다.

369 髪 (かみ) — 머리, 머리카락　N5
私は髪を短く切りました。
저는 머리를 짧게 잘랐습니다.

370 代わりに (か) — 대신에　N4
病気の田中先生の代わりに、山田先生が授業をしました。
아픈 다나카 선생님 대신에 야마다 선생님이 수업을 하셨습니다.

371 川/河 (かわ) — 강　N5
この町の川はとてもきれいです。
이 마을의 강은 아주 깨끗합니다.

372 変わる (か) — 변하다, 바뀌다 → 変かえる 바꾸다　N4
テストの形式が変わりました。
시험 형식이 바뀌었습니다.

373 看護婦 (かんごふ) — 간호사　N4
姉の将来の夢は、看護婦になるのだそうです。
언니의 장래의 꿈은 간호사가 되는 거라고 합니다.

374 簡単だ (かんたん) — 간단하다 ↔ 複雑 ふくざつだ 복잡하다　N4
この仕事は簡単そうですが、実際にやってみればそうでもありません。
이 일은 간단한 것 같지만 실제로 해보면 그렇지도 않습니다.

375 学生 (がくせい) — 학생　N5
教室で学生たちが勉強しています。
교실에서 학생들이 공부하고 있습니다.

376 機会 (きかい)
기회 → チャンス 찬스 N4

機会があれば、アメリカへ行きたいです。
기회가 있으면 미국에 가고 싶습니다.

377 危険だ (きけん)
위험하다 N4

この川は深くて、子供たちには危険です。
이 강은 깊어서 아이들에게는 위험합니다.

378 喫茶店 (きっさてん)
찻집 N5

駅前の喫茶店でコーヒーを飲んできました。
역 앞 찻집에서 커피를 마시고 왔습니다.

379 客 (きゃく)
손님 N5

今日はたくさんのお客さんが来ました。
오늘은 많은 손님이 왔습니다.

380 嫌いだ (きらい)
싫다 → 嫌(いや)だ 싫다, 꺼리다 N5

私は洗濯するのが一番嫌いです。
저는 빨래하는 게 제일 싫습니다.

★嫌いだ와 嫌だ의 차이
嫌(きら)いだ - 객관적인 사실. 일반적인 사실.
嫌(いや)だ - 주관적인 사실. 상황에 따라 바뀜.
나는 영화를 싫어합니다.
・私は、映画がきらいです。(○)
・私は、映画がいやです。(×)

381 ギター
기타 N5

私はピアノより、ギターが習いたいです。
저는 피아노보다 기타를 배우고 싶습니다.

382 空港
くうこう

공항 N4

今日はフランスから友達が来る日なので、空港まで迎えに行きました。
오늘은 프랑스에서 친구가 오는 날이어서, 공항까지 마중하러 갔습니다.

383 果物
くだもの

과일 N5

果物は体にいいです。
과일은 몸에 좋습니다.

384 国
くに

나라 / 고국 / 고향 N5

このクラスにはいろいろな国の人々がいます。
이 반에는 여러 나라 사람들이 있습니다.

月に１回、国の母がおかずを送ってくれます。
한 달에 한 번, 고향의 어머니가 반찬을 보내주십니다.

お国はどちらですか。
고향이 어디세요?

385 ～くらい(ぐらい)

～정도, ～쯤 N4

日本に約２週間ぐらいいました。
일본에 약 2주 정도 있었습니다.

386 黒い
くろ

검다, 까맣다 ↔ 白(しろ)い 희다, 하얗다 N5

うちには黒いねこと、白いねこがいます。
우리 집에는 검은 고양이와 흰 고양이가 있습니다.

387 工業
こうぎょう

공업 N4

工業化によって、環境問題が深刻になってきました。
공업화에 의해 환경문제가 심각해지기 시작했습니다.

| 388 | **紅茶** こうちゃ | 홍차 | N5 |

コーヒーにしますか、それとも紅茶にしますか。
커피로 하시겠습니까, 아니면 홍차로 하시겠습니까?

| 389 | **こちら** | 이쪽/이분 → そちら 그쪽/あちら 저쪽 | N5 |

こちらは東で、あちらは南です。
이쪽은 동쪽이고 저쪽은 남쪽입니다.

こちらは韓国のキムさんです。
이 분은 한국인 김 씨입니다.

こちらこそよろしくお願いします。
저야말로 잘 부탁드립니다.

| 390 | **込む** こ | 붐비다, 혼잡하다 / (길 등이) 막히다 | N4 |

土曜日のデパートは、買い物客で込んでいます。
토요일의 백화점은 쇼핑객으로 붐비고 있습니다.

道が込んでいて、1時間も遅れてしまいました。
길이 막혀서 1시간이나 늦고 말았습니다.

| 391 | **今月** こんげつ | 이달, 이번 달 ↔ 来月 らいげつ 다음 달 | N5 |

今月は仕事が多くて、大変です。
이번 달은 일이 많아서 힘듭니다.

| 392 | **コンサート** | 콘서트 | N4 |

コンサートのチケット2枚あるけど、一緒に行きませんか。
콘서트 표 두 장 있는데, 함께 가지 않을래요?

| 393 | **盛んだ** (さか) | 활발하다, 성하다, 한창이다, 인기있다 | N4 |

最近この地域では、リゾート開発が盛んになりました。
최근 이 지역에서는 리조트 개발이 활발해졌습니다.

日本では、スポーツの中で野球が一番盛んです。
일본에서는 스포츠 중에서 야구가 가장 인기있습니다.

| 394 | **先に** (さき) | 먼저 | N5 |

易しい問題から先にしよう。
쉬운 문제부터 먼저 해야지.

お先に失礼します。
먼저 실례하겠습니다.

| 395 | **〜(さ)せる** | 〜시키다, 〜하게 하다(사역조동사) | N5 |

先生は太郎君に本を読ませました。
선생님은 다로 군에게 책을 읽게 하였습니다.

私も休ませてください。
저도 쉬게 해주세요.

| 396 | **サッカー** | 축구 | N5 |

ヨーロッパでは、サッカーが一番盛んだそうですね。
유럽에서는 축구가 가장 인기있다고 합니다.

| 397 | **寂しい** (さび) | 외롭다, 쓸쓸하다, 허전하다, 적적하다 | N5 |

友達が海外へ行くことになって、本当にさびしいです。
친구가 해외에 가게 되어 정말로 허전합니다.

| 398 | **残念だ** ざんねん | 유감스럽다, 아쉽다 | N4 |

残念ながら、今度の旅行には一緒に行けなくなりました。

유감스럽지만 이번 여행에는 함께 못 가게 되었습니다.

| 399 | **仕方** しかた | 방법, 수단 | N4 |

お金の管理の仕方がまだわかりません。

돈 관리하는 방법을 아직 모르겠습니다.

今さら後悔しても、もう起きてしまった事は仕方ないです。

이제 와서 후회해도 이미 일어나 버린 일은 어쩔 수 없습니다.

| 400 | **試験** しけん | 시험 | N5 |

今教室で、学生たちが試験を受けています。

지금 교실에서 학생들이 시험을 보고 있습니다.

◎ 試験を受ける 시험을 보다, 치르다

| 401 | **下** した | 아래 ↔ 上 うえ 위 | N5 |

机の下にボールペンが落ちています。

책상 아래에 볼펜이 떨어져 있습니다.

| 402 | **社会** しゃかい | 사회 | N4 |

今日のゼミでは、最近の社会問題について話し合いました。

오늘 세미나에서는, 최근의 사회문제에 대해서 얘기하였습니다.

| 403 | **写真** しゃしん | 사진 | N5 |

友達と公園へ行って、みんなで写真を撮りました。

친구들과 공원에 가서 다 같이 사진을 찍었습니다.

| 404 | **出席** | 출석, 참석 ↔ 欠席けっせき 결석 | N4 |

しゅっせき

午前中は会議に出席して、午後には工場へ行く予定です。

오전 중에는 회의에 참석하고 오후에는 공장에 갈 예정입니다.

| 405 | **趣味** | 취미 | N4 |

しゅみ

田中さんの趣味は釣りだそうです。

다나카 씨의 취미는 낚시라고 합니다.

| 406 | **自分** | 자신, 자기, 나 | N5 |

じぶん

もっと自分の考えをはっきり話してください。

좀 더 자신의 의견을 확실히 말해주세요.

| 407 | **授業** | 수업 | N5 |

じゅぎょう

授業が終わったら、みんなでご飯を食べに行きましょう。

수업이 끝나면 다 같이 밥 먹으러 갑시다.

| 408 | **ジュース** | 주스 | N5 |

のどがかわいてジュースを一杯飲みました。

목이 말라서 주스를 한 잔 마셨습니다.

| 409 | **すぐに** | 곧, 바로, 즉시 | N5 |

この仕事が終わったらすぐに行きますから、もうちょっと待っていてください。

이 일이 끝나면 바로 갈 테니, 조금만 더 기다리고 있어 주세요.

| 410 | **ストーブ** | 스토브 | N5 |

部屋が寒くて、ストーブをつけました。

방이 추워서 스토브를 켰습니다.

| 411 | **すばらしい** | 멋있다, 굉장하다, 훌륭하다 | N4 |

飛行機の中で見た富士山は、本当にすばらしかったです。

비행기 안에서 본 후지산은 정말로 멋있었습니다.

| 412 | **済む** す | 끝나다, 해결되다 → **すみません** 죄송합니다 | N4 |

このことは謝って済む問題ではありません。

이 일은 사과해서 끝날 문제가 아닙니다.

まだ話は済んでいないから、帰らないでください。

아직 이야기는 끝난 게 아니니 돌아가지 마세요.

| 413 | **ずっと** | 쭉, 계속 / 훨씬 | N4 |

私は大学を卒業してから、ずっと同じ会社に勤めています。

저는 대학을 졸업하고나서 쭉 같은 회사에서 근무하고 있습니다.

この店があの店より、ずっとおいしいですよ。

이 가게가 저 가게보다 훨씬 맛있습니다.

| 414 | **先週** せんしゅう | 지난주 ↔ **来週** らいしゅう 다음주 | N5 |

先週より今週の方がずっと忙しいです。

지난주보다 이번주가 훨씬 바쁩니다.

| 415 | **洗濯** せんたく | 빨래, 세탁 | N5 |

私は家事の中で、洗濯が一番嫌いです。

저는 집안일 중에서 빨래가 제일 싫습니다.

| 416 | **ぜひ** | 꼭, 부디 → 必(かなら)ず 반드시/きっと 꼭 틀림없이 | N4 |

今度(こんど)の旅行(りょこう)には、私(わたし)もぜひ行(い)きたいです。
이번 여행에는 저도 꼭 가고 싶습니다.

明日(あした)の誕生(たんじょう)パーティーにぜひ来(き)てください。
내일 생일 파티에 꼭 와주세요.

★必ず・きっと와 ぜひ의 차이
必(かなら)ず – 주로 의무를 나타낼 때 사용.
 ・必ず5月20日までに、レポートを提出してください。
  반드시 5월 20일까지 리포트를 제출해 주세요.
きっと – 주로 본인의 의지나 예상에 사용.
 ・のども痛(いた)いし、頭痛(ずつう)もしている。きっとかぜよ。
  목도 아프고 두통도 있다. 틀림없이 감기야.
ぜひ – 주로 말하는 사람의 간곡한 소망, 희망이나 간곡한 부탁에 사용.
 ・ぜひ、日本(にほん)へ行きたいです。
  꼭 일본에 가고 싶습니다.

| 417 | **掃除** そうじ | 청소 | N5 |

トイレの掃除(そうじ)は本当(ほんとう)にしたくないです。
화장실 청소는 정말 하고 싶지 않습니다.

| 418 | **そろそろ** | 슬슬 | N4 |

そろそろ始(はじ)めましょうか。
슬슬 시작할까요?

そろそろ行(い)きましょう。
슬슬 갑시다.

| 419 | **タクシー** | 택시 | N5 |

日本(にほん)のタクシーはとても高(たか)いです。
일본 택시는 매우 비쌉니다.

420 正しい
ただ

정확하다, 바르다, 옳다 N4

その発音は正しくありません。
그 발음은 정확하지 않습니다.

規則正しい生活をした方がいいです。
규칙적인 생활을 하는 편이 좋습니다.

421 たぶん
아마 N5

明日もたぶん雨が降るでしょう。
내일도 아마 비가 오겠지요.

422 たまに
가끔 → 時々 ときどき 때때로 N4

たまには、一人で旅行に行くのもいいでしょう。
가끔은 혼자서 여행가는 것도 좋겠지요.

423 ～たら
～하면 N5

夏休みになったら、海へ遊びに行きましょう。
여름 방학이 되면, 바다에 놀러 갑시다.

424 誕生日
たんじょうび

생일 N5

森永さんのお誕生日はいつですか。
모리나가 씨의 생일은 언제십니까?

425 ～代
だい

～비, ～값(요금) / (연령, 시대, 가격 등) ～대 N4

財布を落としてしまって、バス代もありません。
지갑을 잃어버려서 버스비도 없습니다.

４０代ぐらいの男がやってきました。
40대 정도의 남자가 다가왔습니다.

| 426 | **〜だろう** | 〜이겠지, 〜일 것이다 → 〜でしょう 〜이겠지요 | N4 |

道子さんは友達がいないから、たぶんさびしいだろうね。

미치코 씨는 친구가 없어서 아마 외롭겠지.

| 427 | **だんだん** | 점점, 차츰 | N4 |

日本語は最初はやさしいですが、だんだん難しくなります。

일본어는 처음엔 쉽지만 점점 어려워집니다.

| 428 | **暖房** だんぼう | 난방 ↔ 冷房 れいぼう 냉방 | N4 |

この部屋は暖房がなくて、冬になるととても寒いです。

이 방은 난방이 없어서, 겨울이 되면 매우 춥습니다.

| 429 | **地下鉄** ちかてつ | 지하철 | N5 |

日本の地下鉄は便利です。
일본 지하철은 편리합니다.

| 430 | **力** ちから | 힘 | N4 |

兄は私より力が強くて、重い荷物も一人で持てます。
형은 저보다 힘이 세서 무거운 짐도 혼자서 들 수 있습니다.

| 431 | **地図** ちず | 지도 | N5 |

始めて行く町で、道がよくわからなくて地図を見ました。

처음 가는 동네에서, 길을 잘 몰라서 지도를 보았습니다.

432 ~中 (ちゅう)

~중, ~도중 → ~中じゅう ~동안(내내) / 온~ N4

今授業中ですから、静かにしてください。
지금 수업 중이니 조용히 해주세요.

まだ話中ですから、食事はあとにします。
아직 대화 중이니까, 식사는 나중에 하겠습니다.

今工事中なので、とてもうるさいです。
지금 공사 중이어서 매우 시끄럽습니다.

★ ~ちゅう와 ~じゅう의 차이
~中(ちゅう) - (시간적, 공간적으로) 그 범위 안에 있다는 의미.
・今月中(こんげつちゅう) - 이달 중, 이달 안
・会議中(かいぎちゅう) - 회의 중
~中(じゅう) - (시간적, 공간적으로) 모든 범위 안에 있다는 의미.
・一日中(いちにちじゅう) - 하루 종일
・世界中(せかいじゅう) - 전 세계
・日本中(にほんじゅう) - 전 일본

◎ 예외 : 今日中(きょうじゅう)는 예외적 표현으로 '오늘 중, 오늘 안'으로 해석한다.
今日中にその書類を出してください。 오늘 중으로 그 서류를 제출해 주세요.

433 点ける (つ)

(불, 전기 등을) 붙이다, 켜다
→ 点つく (불, 전기 등이) 붙다, 켜지다 N5

電気をつけて、部屋が明るくなりました。
전기를 켜서 방이 환해졌습니다.

434 伝える (つた)

전하다, 전달하다 N4

明日の予定を、太郎君にも伝えてください。
내일 예정을 다로 군에게도 전해주세요.

皆さんによろしくお伝えください。
모두에게 안부 전해주세요.

435 続ける
つづ

계속하다 / (동사 ます형에 접속하여) 계속 ~하다　　N4

これでは仕事を続けるのは無理です。
이래서는 일을 계속하는 것은 무리입니다.

この本は最初はつまらなかったですが、読みつづけたらおもしろくなりました。
이 책은 처음에는 재미없었지만, 계속 읽었더니 재미있어졌습니다.

436 勤める
つと

근무하다, 일하다 → ～で働はたらく ~에서 일하다　　N5

父は銀行に勤めています。
아버지는 은행에서 근무하고 있습니다.

🍀 명사 に 勤(つと)める 조사 に를 쓴다.
🍀 명사 で 働(はたら)く 조사 で를 쓴다.

437 電車
でんしゃ

전철 → 地下鉄ちかてつ 지하철　　N5

東京では電車が便利です。
도쿄에서는 전철이 편리합니다.

438 ～とか

~라든가, ~라든지　　N5

かばんの中には本とかノートとかが入っています。
가방 속에는 책이라든가 공책이 들어 있습니다.

439 時
とき

~때, ~적　　N5

悪いことをした時には、謝ってください。
나쁜 짓을 했을 때에는 사과해 주세요.

440 床屋
とこや

이발소　　N4

うちの近くに床屋がなくて、私は美容院へ行きます。
집 근처에 이발소가 없어서, 저는 미장원에 갑니다.

441 ドア
문 = 門もん 문 **N5**

教室のドアは開けてあります。
교실 문은 열려져 있습니다.

442 どういたしまして
천만에요, 별말씀을 다 하십니다 **N5**

「この間は、ありがとうございました。」
일전에는 고마웠습니다.

「いいえ、どういたしまして。」
아니에요. 별말씀을 다 하십니다.

443 どうぞ
어서, 사양말고 / 부디, 아무쪼록 **N5**

どうぞ、召し上がってください。
어서 잡수세요.

今年もどうぞよろしくお願いいたします。
올해도 부디 잘 부탁드립니다.

444 どんどん
점점, 쑥쑥, 부쩍부쩍 **N4**

その会に参加する人はどんどん増えていきました。
그 모임에 참가하는 사람은 점점 늘어 갔습니다.

445 ナイフ
나이프 **N5**

危ないからナイフは引き出しの中に入れてください。
위험하니 나이프는 서랍 속에 넣어 주세요.

446 直なおす
(기계, 물건 등을) 고치다, 수리하다
→ 治なおす (사람, 동물의 병을) 고치다, 치료하다 **N4**

パソコンが壊れて、兄が直してくれました。
컴퓨터가 고장나서 형이 고쳐주었습니다.

| 447 | **直る** なお | (기계, 물건 등이) 고쳐지다, 수리되다 | N4 |

パソコンが直るまで、仕事ができません。
컴퓨터가 고쳐질 때까지 일을 할 수 없습니다.

| 448 | **治る** なお | (사람, 동물의 병이) 낫다, 치료되다 | N4 |

病気が治ったら、旅行に行きたいです。
병이 다 나으면 여행가고 싶습니다.

| 449 | **夏** なつ | 여름 | N5 |

私は冬より、夏の方が好きです。
저는 겨울보다 여름을 좋아합니다.

| 450 | **名前** なまえ | 이름 | N5 |

ここにお名前とご住所を書いてください。
이곳에 성함과 주소를 적어주세요.

| 451 | **日本語** にほんご | 일본어 | N5 |

日本語を勉強している外国人が多くなりました。
일본어를 공부하는 외국인이 많아졌습니다.

| 452 | **入学** にゅうがく | 입학 ↔ 卒業 そつぎょう 졸업 | N4 |

彼女は入学してから、一回も休んだことがありません。
그녀는 입학하고나서 한 번도 결석한 적이 없습니다.

| 453 | **脱ぐ** ぬ | (옷, 신발, 양말 등을) 벗다 | N5 |

由紀ちゃん、洗濯するから服を全部脱いで。
유키야, 빨래할 테니 옷을 다 벗거라.

454 ネクタイ
넥타이 — N5

このスーツには赤いネクタイがいいですね。
이 양복에는 빨간 넥타이가 좋겠군요.

455 眠い
졸리다 — N4

昨日徹夜したせいか、今朝は眠くてしかたがないです。
어제 철야한 탓인지 오늘 아침은 졸려 죽겠습니다.

456 残る
남다 → 残のこす 남기다 — N4

残っているお金が少ないので、むだづかいは出来ません。
남아 있는 돈이 적기 때문에 낭비는 안됩니다.

457 飲み物
음료수, 마실 것 — N5

えーと、飲み物はコーラお願いします。
저기, 음료수는 콜라로 주세요.

458 はい
네 ↔ いいえ 아니오 — N5

「野村さんも行きますか。」
노무라 씨도 갑니까?

「はい、私も行きます。」
네, 저도 갑니다.

459 拝見する
「見る」의 겸손어 : 보다 — N4

先日、お書きになった論文を拝見しました。
얼마 전, 쓰신 논문을 읽어보았습니다.

| 460 | **運ぶ** (はこ) | 옮기다, 운반하다 | N4 |

この机は重すぎて、一人では運べません。
이 책상은 너무 무거워서, 혼자서는 옮길 수 없습니다.

| 461 | **走る** (はし) | 달리다(예외 5단동사) | N5 |

田中さんは毎朝公園を走っています。
다나카 씨는 매일 아침 공원을 달리고 있습니다.

| 462 | **初めて** (はじ) | 처음으로 | N5 |

私が初めて日本に来たのは、5年前です。
제가 처음으로 일본에 온 것은 5년 전입니다.

| 463 | **恥ずかしい** (は) | 부끄럽다, 창피하다 | N4 |

こんな簡単な問題も知らないとは、本当に恥ずかしいな…

이런 간단한 문제도 모르다니, 정말로 창피하군……

| 464 | **発音** (はつおん) | 발음 | N4 |

彼は発音がきれいで、聞きやすいです。
그는 발음이 좋아서, 알아듣기 좋습니다.

| 465 | **鼻** (はな) | 코 | N5 |

寒くて、鼻が赤くなりました。
추워서 코가 빨개졌습니다.

| 466 | **晴れる** (は) | 날씨가 개다, 화창하다 ↔ 曇くもる 흐리다 | N5 |

今日はよく晴れていて、散歩するにはちょうどいいですね。

오늘은 활짝 개어있어서 산책하기 딱 좋군요.

| 467 | **ハンカチ** | 손수건 | N5 |

田中さんはハンカチで汗を拭きました。
다나카 씨는 손수건으로 땀을 닦았습니다.

| 468 | **反対** はんたい | 반대 ↔ 賛成 さんせい 찬성 | N4 |

社長の計画に反対する人は、一人もいませんでした。
사장님 계획에 반대하는 사람은 한 명도 없었습니다.

| 469 | **半分** はんぶん | 반, 절반 | N4 |

このパン大きいな。半分は今日食べて、半分は明日食べよう。
이 빵 크네. 반은 오늘 먹고 반은 내일 먹어야지.

| 470 | **冷える** ひ | (음료수, 과일 등) 차가워지다, 시원해지다 / (날씨) 추워지다 | N4 |

冷蔵庫の中のビールが冷えています。
냉장고 속 맥주가 차가워져 있습니다.

１１月になると、夜はかなり冷えますね。
11월이 되면 밤에는 꽤 춥습니다.

| 471 | **引き出し** ひ だ | 서랍 | N4 |

引き出しの中に、財布とか日記帳が入っています。
서랍 속에 지갑이라든가 일기장이 들어 있습니다.

| 472 | **引く**
 ひ | 끌다, 당기다 / (감기에) 걸리다 / (사전을) 찾다, 조사하다 | N5 |

学生たちが机を引いています。
학생들이 책상을 끌고 있습니다.

みんな風邪を引かないように、気をつけてください。
모두 감기에 걸리지 않도록 조심해 주세요.

わからないことばは辞書を引いてください。
모르는 단어는 사전을 찾아봐 주세요.

| 473 | **弾く**
 ひ | (악기를) 연주하다, 치다 | N4 |

今ピアノを弾いている人は誰ですか。
지금 피아노를 치고 있는 사람은 누구입니까?

吉田さんはギターが弾けますか。
요시다 씨는 기타칠 줄 아세요?

| 474 | **久しぶり**
 ひさ | 오래간만 | N4 |

佐藤さん、おひさしぶりですね。
사토 씨, 오래간만이군요.

| 475 | **引っ越す**
 ひ こ | 이사하다 | N4 |

今度、北海道に引っ越すことになりました。
이번에 홋카이도로 이사하게 되었습니다.

| 476 | **暇だ**
 ひま | 한가하다, 여유있다 | N5 |

みんな暇なようですね。
모두 한가한 것 같군요.

109

| 477 | **病気** びょうき | 병 | N5 |

昨日は病気で学校へ行けませんでした。
어제는 아파서 학교에 못 갔습니다.

◎ 病気だ 아프다, 병나다

| 478 | **深い** ふか | 깊다 ↔ 浅あさい 얕다 | N4 |

この湖は世界で一番深いです。
이 호수는 세계에서 가장 깊습니다.

| 479 | **服** ふく | 옷 → 洋服ようふく의 줄임말 | N5 |

彼は毎日同じ服を着ています。
그는 매일 같은 옷을 입고 있습니다.

| 480 | **冬** ふゆ | 겨울 ↔ 夏なつ 여름 | N5 |

北海道の冬は、雪もたくさん降って、とても寒いです。
홋카이도의 겨울은, 눈도 많이 오고 매우 춥습니다.

| 481 | **プール** | 풀장, 수영장 | N5 |

夏休みになれば、プールへ行って泳ぎたいです。
여름 방학이 되면, 풀장에 가서 수영하고 싶습니다.

| 482 | **欲しい** ほ | 갖고 싶다, 원하다, 바라다 | N5 |

私は車が欲しいです。
저는 차를 갖고 싶습니다.

◎ 欲(ほ)しい - 나와 네가 원할 때(1,2인칭일 때)
◎ 欲(ほ)しがる - 나와 네가 아닌 제삼자일 때(3인칭일 때)

| 483 | **ポケット** | 주머니, 포켓 | N5 |

後ろのポケットに財布が入っています。
뒷주머니에 지갑이 들어 있습니다.

484 毎朝 (まいあさ)
매일 아침 — N5

父は毎朝5時に起きて、ジョギングをしています。
아버지는 매일 아침 5시에 일어나 조깅을 하고 있습니다.

485 参る (まい)
「行く、くる」의 겸손어: 가다, 오다 — N4

明日社長のお宅にまいります。
내일 사장님 댁에 찾아뵙니다.

それでは、行ってまいります(=行ってきます)。
그럼, 다녀오겠습니다.

486 ～ましょう
～합시다 — N5

そろそろ行きましょう。
슬슬 갑시다.

もう時間ですから、はじめましょうか。
이제 시간이 됐으니 시작할까요?

487 真面目だ (まじめ)
성실하다 / 진지하다 — N4

彼は本当に真面目な学生です。
그는 정말로 성실한 학생입니다.

人の話をもっとまじめに聞いてください。
남의 말을 좀더 진지하게 들어 주세요.

488 短い (みじか)
짧다 ↔ 長ながい 길다 — N5

私は男のような短い髪型が好きです。
나는 남자와 같은 짧은 헤어스타일을 좋아합니다.

489 娘 (むすめ)
딸 ↔ 息子むすこ 아들 — N4

うちの娘は、今年結婚しました。
우리 딸은 올해 결혼했습니다.

| 490 | **無理** (むり) | 무리 | N4 |

吉村さんは無理な仕事をして、病気になってしまいました。
요시무라 씨는 무리한 일을 해서 병이 나고 말았습니다.

| 491 | **召し上がる** (めあ) | 「飲む, 食べる」의 존경어 : 드시다, 잡수시다 | N4 |

どうぞ、冷めないうちに召し上がってください。
자, 식기 전에 드세요.

| 492 | **珍しい** (めずら) | 드물다, 진기하다 | N4 |

この動物園には、珍しい動物がたくさんいます。
이 동물원에는 진기한 동물이 많이 있습니다.

| 493 | **もう** | 이제 / 이미, 벌써 / 더 → もうすぐ 이제 곧 | N5 |

彼女とは、もう会わないことにしました。
그녀와는 이제 만나지 않기로 했습니다.

雪が降っていますね。もう１２月ですね。
눈이 내리고 있네요. 벌써 12월이군요.

すみません、もう少し待ってもらえませんか。
미안합니다, 조금 더 기다려주시겠어요?

| 494 | **もっと** | 좀더, 더욱 | N4 |

もっとゆっくり話してください。
좀더 천천히 말해 주세요.

| 495 | **戻る** (もど) | 되돌아오다, 되돌아가다 | N4 |

太郎が戻ってきたら、すぐ電話するように。
다로가 돌아오면 즉시 전화하도록.

| 496 | **物** もの | 것/물건 | N5 |

これは鈴木さんのものだから、持っていかないでください。
이것은 스즈키 씨 것이니까 가져가지 마세요.

ここにあるものは全部、私のです。
이곳에 있는 물건은 전부 제 것입니다.

| 497 | **止める** やめる | (어떤 행위를) 그만두다, 중지하다 / (술, 담배 등을) 끊다 | N4 |

けんかは止めてください。
싸움은 하지 마세요.

今年こそ、たばこを止めよう。
올해야말로 담배를 끊어야지.

| 498 | **夕ご飯** ゆうごはん | 저녁밥 | N5 |

今日の夕ご飯は、カツどんです。
오늘 저녁은 돈가스덮밥입니다.

| 499 | **揺れる** ゆれる | 흔들리다 | N4 |

風の強い日なので、木が揺れています。
바람이 강한 날이어서, 나무가 흔들리고 있습니다.

| 500 | **用事** ようじ | 볼일, 용무 | N4 |

ごめん、急に用事ができてパーティーに行けなくなった。
미안, 갑자기 볼일이 생겨서 파티에 못 가게 됐어.

| 501 | **〜より** | 〜보다 | N4 |

私より吉村さんの方が背が高いです。
저보다 요시무라 씨가 키가 큽니다.

113

| 502 | **留学生**
りゅうがくせい | 유학생 | N5 |

金さんは韓国からの留学生です。
김 씨는 한국에서 온 유학생입니다.

| 503 | **利用**
りよう | 이용 | N5 |

みんなこの図書館を利用しています。
모두 이 도서관을 이용하고 있습니다.

| 504 | **りんご** | 사과 | N5 |

おいしそうな赤いりんごがあります。
맛있어 보이는 빨간 사과가 있습니다.

| 505 | **ワイシャツ** | 와이셔츠 | N5 |

このワイシャツには、黄色いネクタイがいいと思います。
이 와이셔츠에는 노란색 넥타이가 좋을 것 같아요.

| 506 | **沸かす**
わ | 끓이다 | N4 |

お湯を沸かしてから、めんとスープを入れました。
물을 끓이고나서 면과 스프를 넣었습니다.

| 507 | **別れる**
わか | 헤어지다, 이별하다 ↔ 会あう 만나다 | N4 |

妻と別れて、もう3年目です。
아내와 헤어진 지 벌써 3년째입니다.

| 508 | **訳**
わけ | 까닭, 이유, 영문 | N4 |

彼がどうしてそんなことを言ったのか、わけがわかりません。
그가 왜 그런 말을 했는지 이유를 모르겠습니다.

509 笑う (わら)

웃다 ↔ 泣なく 울다　　　N4

会議のとき、森永さんは笑っているばかりで、何も言わなかった。
회의할 때, 모리나가 씨는 웃기만 할 뿐 아무 말도 하지 않았다.

私はみんなに笑われました。
나는 모두에게 웃음거리가 되었습니다.

◎ ～に笑われる ～에게 웃음거리가 되다

확인문제 6회

問題 1 밑줄 친 단어를 어떻게 읽는지 보기에서 고르세요.

1. 私はその先生に、いろいろな<u>影響</u>を受けました。
   ① あけました　　② さけました
   ③ うけました　　④ つけました

2. 今日はフランスから友達が来る日なので、<u>空港</u>まで迎えに行きました。
   ① こうくう　② くうこう　③ こうぐう　④ ぐうこう

問題 2 밑줄 친 단어를 어떻게 쓰는지 보기에서 고르세요.

3. 姉の将来の夢は、<u>かんごふ</u>になるのだそうです。
   ① 看護婦　② 観護婦　③ 看護府　④ 看護歩

4. 病気が<u>なおったら</u>、旅行に行きたいです。
   ① 速ったら　② 分ったら　③ 直ったら　④ 治ったら

問題 3 괄호 안에 들어갈 알맞은 말을 고르세요.

5. 由紀ちゃん、洗濯するから服を全部(　　　　)。
   ① きて　　② ぬいで　　③ はいて　　④ なおして

6. この動物園には、(　　　　)動物がたくさんいます。
   ① めずらしい　　② すくない
   ③ ひくい　　　　④ くらい

TEST

問題 4 다음 문장과 비슷한 의미의 문장을 고르세요.

⑦ 私より吉村さんのほうが背がたかいです。
① 吉村さんより私のほうが背がたかいです。
② 吉村さんは私より背がひくいです。
③ 私は吉村さんほど背が高くないです。
④ 私は吉村さんより背がたかいです。

⑧ 今日はよくはれていて、さんぽするにはちょうどいいですね。
① 今日はくもっていて、さんぽするにはちょうどいいですね。
② 今日はいいてんきで、さんぽするにはちょうどいいですね。
③ 今日はあめがふっていて、さんぽするにはちょうどいいですね。
④ 今日はゆきがふっていて、さんぽするにはちょうどいいですね。

問題 5 다음 단어의 쓰임이 가장 올바른 것을 고르세요.

⑨ もっと
① 金子さんならもっと帰りましたよ。
② 質問ある人は、もっと私のところへ来てください。
③ 私は動物がすきですが、もっと犬がだいすきです。
④ もっとゆっくり話してください。

⑩ えんりょ
① 子供たちが公園でえんりょしています。
② 私は朝おきると、まずはをえんりょします。
③ 山田さん、どうぞごえんりょなくたくさん召し上がってください。
④ すみません。きょうはおさきにえんりょします。

✽ 숫자 표현

1(いち)	2(に)	3(さん)	4(し/よん/よ)	5(ご)
6(ろく)	7(しち/なな)	8(はち)	9(きゅう/く)	10(じゅう)

100(ひゃく): 백   1,000(せん): 천   10,000(まん): 만   100,000,000(おく): 억

✽ 시간 · 날짜 표현

시각	분	요일
1時(いちじ)	1分(いっぷん)	月曜日(げつようび) 월요일
2時(にじ)	2分(にふん)	火曜日(かようび) 화요일
3時(さんじ)	3分(さんぷん)	水曜日(すいようび) 수요일
4時(よじ)	4分(よんぷん)	木曜日(もくようび) 목요일
5時(ごじ)	5分(ごふん)	金曜日(きんようび) 금요일
6時(ろくじ)	6分(ろっぷん)	土曜日(どようび) 토요일
7時(しちじ)	7分(ななふん)	日曜日(にちようび) 일요일
8時(はちじ)	8分(はっぷん)	何曜日(なんようび) 무슨 요일
9時(くじ)	9分(きゅうふん)	
10時(じゅうじ)	10分(じゅっぷん)	
11時(じゅういちじ)		
12時(じゅうにじ)		

いちがつ 1月 1월	にがつ 2月 2월	さんがつ 3月 3월	しがつ 4月 4월	ごがつ 5月 5월	ろくがつ 6月 6월	しちがつ 7月 7월
はちがつ 8月 8월	くがつ 9月 9월	じゅうがつ 10月 10월	じゅういちがつ 11月 11월	じゅうにがつ 12月 12월	なんがつ 何月 몇 월	

ついたち 1日 1일	ふつか 2日 2일	みっか 3日 3일	よっか 4日 4일	いつか 5日 5일	むいか 6日 6일	なのか 7日 7일
ようか 8日 8일	ここのか 9日 9일	とおか 10日 10일	じゅういちにち 11日 11일	じゅうににち 12日 12일	じゅうさんにち 13日 13일	じゅうよっか 14日 14일
じゅうごにち 15日 15일	じゅうろくにち 16日 16일	じゅうしちにち 17日 17일	じゅうはちにち 18日 18일	じゅうくにち 19日 19일	はつか 20日 20일	にじゅういちにち 21日 21일
にじゅうににち 22日 22일	にじゅうさんにち 23日 23일	にじゅうよっか 24日 24일	にじゅうごにち 25日 25일	にじゅうろくにち 26日 26일	にじゅうしちにち 27日 27일	にじゅうはちにち 28日 28일
にじゅうくにち 29日 29일	さんじゅうにち 30日 30일	さんじゅういちにち 31日 31일	なんにち 何日 며칠			

2부

종종 출제되는 중요 빈출 단어 556

빈출도 ★★~★

| 510 | 間 あいだ | (공간, 시간) 사이, 동안 → この間 あいだ 얼마전 | N4 |

机と机の間にいすを置いてください。
책상과 책상 사이에 의자를 놓아주세요.

日本にいる間、ずっとこのアパートに住んでいました。
일본에 있는 동안 쭉 이 아파트에서 살고 있었습니다.

| 511 | 赤ん坊 あか ぼう | 갓난아기 → 赤あかちゃん 아기 | N4 |

部屋で赤ん坊が寝ています。
방에서 아기가 자고 있습니다.

| 512 | 開く あ | (문, 창문 등이) 열리다, (가게 등이) 영업을 시작하다 ↔ 閉しまる 닫히다 | N5 |

窓が開いているので、部屋が寒いです。
창문이 열려 있어서 방이 춥습니다.

駅前のラーメン屋はまだ開いていません。
역 앞 라면가게는 아직 열지 않았습니다.(영업시작 전입니다)

| 513 | 明後日 あさって | 모레 | N5 |

明後日が一郎の誕生日ですよ。
모레가 이치로의 생일이에요.

| 514 | 足 あし | 발, 다리 ↔ 手て 손 | N5 |

2時間も歩いて、足が疲れました。
2시간이나 걸어서 다리가 아픕니다.

| 515 | 遊び あそ | 놀이 | N5 |

うちの子は水遊びが大好きです。
우리 아이는 물놀이를 아주 좋아합니다.

| 516 | **遊ぶ** (あそ) | 놀다 | N5 |

子供たちが運動場で遊んでいます。
어린이들이 운동장에서 놀고 있습니다.

| 517 | **頭** (あたま) | 머리 | N5 |

私は頭が大きいです。
저는 머리가 큽니다.

| 518 | **あちら** | 저쪽 → こちら 이쪽/そちら 그쪽 | N5 |

あちらにバス停があります。
저쪽에 버스정류장이 있습니다.

| 519 | **あっち** | 저쪽 → こっち 이쪽/そっち 그쪽 | N5 |

あっちが庭です。
저쪽이 정원입니다.

| 520 | **アパート** | 아파트 | N5 |

あのアパートは家賃が高いです。
저 아파트는 집세가 비쌉니다.

| 521 | **浴びる** (あ) | (물, 빛, 먼지 등을) 뒤집어 쓰다 / (각광 등을) 받다 | N4 |

太陽の光を浴びる。
태양 빛을 뒤집어 쓰다. (햇빛을 쬐다)

運動したあと、シャワーを浴びます。
운동한 후 샤워를 합니다.

◎ シャワーを浴びる 샤워를 하다

| 522 | **危ない** (あぶ) | 위험하다 → 危険(きけん)だ 위험하다 | N4 |

この道を女一人で歩くのは危ないです。
이 길을 여자 혼자서 다니는 것은 위험합니다.

| 523 | **あんな** | 저런 → こんな 이런/そんな 그런 | N5 |

私もあんな車が欲しいです。
저도 저런 차를 갖고 싶습니다.

| 524 | **案内** あんない | 안내 | N4 |

みなさん、今日は私がご案内いたします。
여러분, 오늘은 제가 안내해 드리겠습니다.

| 525 | **いいえ** | 아니요 ↔ はい 네 | N5 |

「日本語、上手ですね。」
일본어 잘하시네요.

「いいえ、まだまだです。」
아니에요, 아직 멀었습니다.

| 526 | **医学** いがく | 의학 | N4 |

現代の医学はかなり進んでいます。
현대 의학은 상당히 발전했습니다.

| 527 | **いくつ** | 몇 개/몇 살 | N5 |

みかんをいくつ買いましたか。
귤을 몇 개 샀습니까?

鈴木さんのお兄さんは、おいくつですか。
스즈키 씨의 형님은 몇 살이십니까?

| 528 | **池** いけ | 연못 | N5 |

この公園には、きれいな池があります。
이 공원에는 예쁜 연못이 있습니다.

| 529 | **いじめる** | 괴롭히다, 학대하다, 이지메하다 | N4 |

弟をいじめて、しかられました。
동생을 괴롭혀서 혼났습니다.

| 530 | **痛い** (いた) | 아프다 | N5 |

朝から歯が痛くて、何も食べていません。
아침부터 이가 아파서 아무것도 먹지 못했습니다.

| 531 | **致す** (いた) | 「する」의 겸손어 : 하다 | N4 |

その件については、私がご説明いたします。
그 건에 대해서는 제가 설명해 드리겠습니다.

| 532 | **一日** (いちにち) | 하루, 1일 | N5 |

昨日は一日中、家にいました。
어제는 하루 종일 집에 있었습니다.

| 533 | **いつ** | 언제 | N5 |

高橋さんのお誕生日はいつですか。
다카하시 씨의 생일은 언제입니까?

| 534 | **一週間** (いっしゅうかん) | 1주일 | N5 |

一週間は七日です。
1주일은 7일입니다.

| 535 | **いっていらっしゃい** | 다녀오세요 | N5 |

おばあちゃん、いっていらっしゃい。
할머니, 다녀오세요.

123

| 536 | **いっぱい** | (부사) 가득, 많이 / [一杯] 한 잔 | N4 |

おでんをいっぱい食べました。
어묵을 많이 먹었습니다.

コーヒーを一杯飲みました。
커피를 한 잔 마셨습니다.

今晩、一杯どうですか。
오늘 저녁, 한 잔 어때요? (술 권유)

| 537 | **祈る** | 빌다, 기도하다, 기원하다 | N4 |

母校の野球チームが優勝することを祈っています。
모교 야구팀이 우승하기를 기원하고 있습니다.

| 538 | **今から** | 지금부터, 이제부터 ↔ 今まで 이제까지, 지금까지 | N5 |

今から会議を始めます。
이제부터 회의를 시작하겠습니다.

| 539 | **いろいろ** | 여러 가지 | N5 |

今度の旅行のために、いろいろ準備しています。
이번 여행을 위해 여러 가지 준비하고 있습니다.

| 540 | **うかがう** | 「訪ねる, 行く」의 겸손어 : 찾아뵙다
「聞く」의 겸손어 : 여쭙다 | N4 |

それでは明日事務室にうかがいます。
그럼 내일 사무실로 찾아뵙겠습니다.

すみません、ちょっとうかがいたいことがありますが…
실례합니다, 좀 여쭙고 싶은 게 있습니다만……

| 541 | **動く** (うご) | 움직이다 | N4 |

エンジンが故障して、車が動きません。
엔진이 고장나서 차가 움직이지 않습니다.

| 542 | **牛** (うし) | 소 | N5 |

ここには牛や馬などがいます。
이곳에는 소랑 말 등이 있습니다.

| 543 | **薄い** (うす) | 얇다 ↔ 厚あつい 두껍다 | N5 |

薄いノートと、厚いノートがあります。
얇은 노트와 두꺼운 노트가 있습니다.

| 544 | **〜うち** | 〜중, 〜동안 | N4 |

この学校の学生の１０人のうちの３人は、韓国人です。
이 학교 학생의 10명 중 3명은 한국인입니다.

まだ明るいうちに家に帰りましょう。
아직 밝은 동안에 집에 돌아갑시다.

| 545 | **美しい** (うつく) | 아름답다 | N4 |

ここから見える夕焼けは、本当に美しいです。
이곳에서 보이는 저녁노을은 정말로 아름답습니다.

| 546 | **うまい** | 맛있다(おいしい) / 잘한다(上手だ) | N4 |

このカレー、うまいですね。誰が作りましたか。
이 카레 맛있네요. 누가 만들었습니까?

金さんは日本語がうまいですね。
김 씨는 일본어 잘하시네요.

| 547 | **うるさい** | 시끄럽다 | N5 |

外がうるさくて、勉強ができません。
밖이 시끄러워서 공부를 못하겠습니다.

| 548 | **嬉しい**
うれ | 기쁘다 | N5 |

うちの息子が東京大学に合格して、本当にうれしいです。
우리 아들이 도쿄대학에 합격해서 정말로 기쁩니다.

| 549 | **上着**
うわぎ | 상의, 겉옷 ↔ 下着 したぎ 속옷 | N5 |

部屋の中が暑かったので、上着を脱ぎました。
방 안이 더웠기 때문에 상의를 벗었습니다.

| 550 | **おいでになる** | 「行く, 来る, いる」의 존경어 : 가시다, 오시다, 계시다 | N4 |

先生、どちらへおいでになりますか。
선생님, 어디에 가십니까?

先生がおいでになりました。
선생님이 오셨습니다.

先生はどちらにおいでになりますか。
선생님은 어디에 계십니까?

| 551 | **お祝い**
いわ | 축하, 축하선물 | N4 |

私は弟に入学祝いに時計をあげました。
저는 남동생에게 입학 축하선물로 시계를 주었습니다.

優勝お祝いパーティーが開かれました。
우승 축하 파티가 열렸습니다.

552 お菓子 (かし) — 과자 — N5

妹はお菓子が好きで、毎日店で買ってきます。
여동생은 과자를 좋아해서, 매일 가게에서 사 옵니다.

553 ～おき — ~걸러, ~간격 — N4

私は一日おきにシャンプーします。
저는 하루 걸러 머리를 감습니다.

病院で6時間おきに注射を打ちました。
병원에서 6시간 간격으로 주사를 놓았습니다.

554 屋上 (おくじょう) — 옥상 — N4

この建物は、屋上が庭になっていて社員たちはそこで休んでいます。
이 건물은 옥상이 정원으로 되어 있어, 사원들은 그곳에서 쉬고 있습니다.

555 贈り物 (おく もの) — 선물 → プレゼント/お土産(みやげ)/お祝(いわ)い 선물 — N4

私は誕生日の贈り物をたくさんもらいました。
저는 생일 선물을 많이 받았습니다.

★贈り物와 お祝い・プレゼント・お土産의 차이

贈(おく)り物(もの) - 가장 일반적인 선물이란 의미로, 생일축하나 감사의 뜻으로 주는 선물
お祝(いわ)い - 축하 선물(입학, 졸업, 취직, 출산 등)
プレゼント - 젊은 층에서는 贈り物 대신 자주 쓰인다.
お土産(みやげ) - 주로 여행지 등에서 사온 기념품을 의미

・今度の父の誕生日の贈り物は何がいいですか。(○)
・今度の父の誕生日のお土産は何がいいですか。(×)

556 行う (おこな) — 행하다, 거행하다, 실행하다 — N4

今月1日から、祭りが行われます。
이달 1일부터 축제가 거행됩니다.

557 お正月
しょうがつ

정월, 설날   N4

お正月におせち料理をたくさん食べて、すこし太りました。
설날에 설 음식을 많이 먹어서 좀 살이 쪘습니다.

558 お嬢さん
じょう

(남의 딸을 높이거나 부잣집 딸을 칭할 때) 따님, 아가씨   N4

社長のお嬢さんはまだ高校生です。
사장님 따님은 아직 고등학생입니다.

559 お宅
たく

댁   N4

先生のお宅はこの近くですか。
선생님 댁은 이 근처세요?

560 おっしゃる

「言う」의 존경어 : 말씀하시다   N4

先生は昨日、なんとおっしゃいましたか。
선생님은 어제 뭐라고 말씀하셨습니까?

561 お手洗い
てあら

화장실 = トイレ   N4

お手洗いはいつもきれいにしておくこと。
화장실은 항상 청결히 해 놓을 것.

562 おととし

재작년   N5

おととしの夏休みにはハワイへ行ってきました。
재작년 여름휴가 때는 하와이에 다녀왔습니다.

563 大人
おとな

어른, 성인 ↔ 子供 こども 어린이   N5

この映画は大人も子供も見ることができます。
이 영화는 어른도 어린이도 볼 수 있습니다.

564 驚く (おどろ)
놀라다 — N4

その話を聞いてみんな驚きました。
그 말을 듣고 모두 놀랐습니다.

565 覚える (おぼ)
기억하다 / 외우다 / 배우다, 익히다 — N4

卒業して１０年目ですが、まだクラスメートの名前を全部覚えています。
졸업한 지 10년째이지만, 아직 반 친구들의 이름을 전부 기억하고 있습니다.

この単語を明日までに全部覚えてください。
이 단어를 내일까지 전부 외워주세요.

最近ダンスを覚えていますが、とても楽しいです。
요즘 춤을 배우고 있는데, 아주 재미있습니다.

566 お待たせしました (ま)
기다리게 했습니다 (그래서 죄송합니다) — N5

(食堂で) お待たせしました。
(식당에서) 기다리게 해서 죄송합니다. (주문한 음식을 가져다주며 하는 상투적인 인사말)

567 お見舞い (みま)
병문안 — N4

山田さんのお見舞いに花を持っていきました。
야마다 씨 문병에 꽃을 들고 갔습니다.

568 お土産 (みやげ)
(주로 여행, 출장 가서 사온) 선물 — N4

父は韓国から、お土産にキムチを買ってきました。
아버지는 한국에서 선물로 김치를 사 왔습니다.

569 おやすみなさい
안녕히 주무세요 → 休(やす)む 쉬다 — N5

おじいさん、おやすみなさい。
할아버지, 안녕히 주무세요.

129

| 570 | **お湯** (ゆ) | 더운물 ↔ お水みず 찬물 | N4 |

昨日は寒かったのに、お湯が出なくて大変でした。
어제는 추웠는데 더운물이 안 나와서 혼났습니다.

| 571 | **おる** | 「いる」의 겸손어 : 있다 | N4 |

うちの息子は、銀行に勤めております。
우리 아들은 은행에서 근무하고 있습니다.

| 572 | **お礼** (れい) | 예의, 감사인사 | N4 |

先生にお土産をもらったので、お礼を言いました。
선생님께 선물을 받아서 감사 인사를 했습니다.

| 573 | **会議** (かいぎ) | 회의 | N4 |

会議中に社長が、大声を出して、怒り出しました。
회의 중에 사장님이 큰 소리를 내며, 화를 내기 시작했습니다.

| 574 | **会議室** (かいぎしつ) | 회의실 | N4 |

今日の打ち合わせは、第3会議室で行われる予定です。
오늘 미팅은 제3회의실에서 행해질 예정입니다.

| 575 | **買い物** (かもの) | 쇼핑, 장보기 | N5 |

この辺は買い物に便利です。
이 근방은 쇼핑하기 편리합니다.

| 576 | **会話** (かいわ) | 회화 / 대화 | N4 |

英語の会話時間はとても楽しいです。
영어회화 시간은 정말 재미있습니다.

外国に住んでいるので、会話の相手がいなくてさびしいです。
외국에 살고 있기 때문에, 대화상대가 없어서 쓸쓸합니다.

| 577 | **顔** かお | 얼굴 | N5 |

吉田さんは、いつも楽しそうな顔をしています。
요시다 씨는 항상 즐거운 듯한 얼굴을 하고 있습니다.

| 578 | **かかる** | (시간이) 걸리다 / (전화가) 걸려오다 | N5 |

ここから東京までは、新幹線で約2時間ぐらいかかります。
여기에서 도쿄까지는, 신칸센으로 약 2시간 정도 걸립니다.

お風呂に入っているときに、電話がかかってきました。
목욕을 하고 있는데 전화가 걸려왔습니다.

| 579 | **鏡** かがみ | 거울 | N4 |

この部屋の壁には大きな鏡がかけてあります。
이 방 벽에는 큰 거울이 걸려 있습니다.

| 580 | **傘** かさ | 우산 | N5 |

今雨が降っているので、みんなかさをさしています。
지금 비가 오고 있어서, 모두 우산을 쓰고 있습니다.

◎ かさをさす 우산을 쓰다

| 581 | **飾る** かざ | 장식하다, 꾸미다 | N4 |

棚の上には、人形がたくさん飾ってあります。
선반 위에는 인형이 많이 장식되어 있습니다.

| 582 | **風** かぜ | 바람 | N5 |

窓を開けると、涼しい風が吹いてきました。
창문을 열었더니 시원한 바람이 불어 왔습니다.

583 悲しい (かな)
슬프다 ↔ うれしい 기쁘다 N5

悲しい物語を聞いて泣きました。
슬픈 이야기를 듣고 울었습니다.

584 かばん
가방 N5

かばんに本とノートを入れました。
가방에 책과 공책을 넣었습니다.

585 かぶる
(모자, 가면 등을) 쓰다 N5

兄は出かけるとき、いつも帽子をかぶっています。
형은 외출할 때 언제나 모자를 쓰고 있습니다.

586 辛い (から)
맵다 N5

私は辛いのが好きで、韓国のキムチをよく食べます。
저는 매운 걸 좋아해서, 한국 김치를 즐겨 먹습니다.

587 体 (からだ)
몸 N5

今日は朝から、体の調子がよくないです。
오늘은 아침부터 몸 상태가 좋지 않습니다.

588 軽い (かる)
가볍다 ↔ 重おもい 무겁다 N5

この荷物は軽くて、女性でも一人で持てますよ。
이 짐은 가벼워서, 여성도 혼자서 들 수 있습니다.

589 カレンダー
달력 N5

新しいカレンダーを壁にかけました。
새 달력을 벽에 걸었습니다.

| 590 | **乾く** (かわく) | (목이) 마르다, 건조하다 | N4 |

のどが乾いて、コーラを飲みました。
목이 말라서 콜라를 마셨습니다.

洗濯物がなかなか乾きません。
빨래가 좀처럼 마르지 않습니다.

| 591 | **漢字** (かんじ) | 한자 | N5 |

毎日漢字の勉強をしているのに、なかなか上手になりません。
매일 한자 공부를 하고 있는데, 좀처럼 능숙해지지 않습니다.

| 592 | **ガソリンスタンド** | 주유소 | N4 |

この町にはガソリンスタンドがなくて不便です。
이 동네에는 주유소가 없어서 불편합니다.

| 593 | **〜側** (がわ) | 〜측, 〜쪽 | N4 |

廊下側に座っている人が、田村さんです。
복도 쪽에 앉아 있는 사람이 다무라 씨입니다.

相手側の話も聞いてみましょう。
상대측 이야기도 들어 봅시다.

| 594 | **木** (き) | 나무 | N5 |

うちの庭には大きな木が一本あります。
우리 집 정원에는 큰 나무가 한 그루 있습니다.

595 気
き

기, 마음, 정신, 신경　　　N4

気のいいおじさん。
마음씨 좋은 아저씨.

暗いから、足元に気をつけてください。
어두우니, 발 밑을 조심해 주세요.

◎ 気をつける 조심하다, 주의하다
◎ 気に入る 마음에 들다
このくつ、気に入りました。
이 구두, 마음에 들었습니다.
◎ 気にする 신경쓰다
そんな小さいことは気にしない方がいいです。
그런 사소한 일은 신경쓰지 않는 편이 좋습니다.

596 消える
き

(불 등이) 꺼지다 / 지워지다 / 사라지다　　　N4

電気が消えています。
전기가 꺼져 있습니다.

このボタンを押すと、画面の文字が全部消えてしまいます。
이 단추를 누르면, 화면의 글자가 전부 지워져 버립니다.

日本の山から森が消えていくのは大変です。
일본의 산에서 숲이 사라져 가는 것은 큰일입니다.

597 機械
きかい

기계 → 機会 きかい 기회　　　N4

この機械は、1000万円もする高いものです。
이 기계는 천만 엔이나 하는 비싼 것입니다.

598 季節
きせつ

계절　　　N4

この季節になると、もみじがとてもきれいになります。
이 계절이 되면 단풍이 아주 예뻐집니다.

| 599 | **規則** きそく | 규칙 | N4 |

この学校の学生なら、誰でも規則を守らなければなりません。
이 학교 학생이라면 누구라도 규칙을 지키지 않으면 안됩니다.

| 600 | **厳しい** きび | 엄하다, 엄격하다, 혹독하다
→ 優やさしい 부드럽다, 상냥하다 | N4 |

私の高校時代の先生は、とても厳しかったです。
제 고교시절 선생님은 매우 엄하셨습니다.

この地方の寒さは、とても厳しいです。
이 지방의 추위는 아주 혹독합니다.

| 601 | **気分** きぶん | 기분, (주로 생리적인) 몸 상태, 속 | N4 |

明日は気分転換にドライブに行くつもりです。
내일은 기분전환으로 드라이브 갈 생각입니다.

船に乗ったら、気分が悪くなりました。
배를 탔더니 속이 안 좋아졌습니다.

| 602 | **気持ち** きも | 기분, 마음 | N4 |

運動後のシャワーは、本当に気持ちいいです。
운동 후의 샤워는 정말 기분 좋습니다.

| 603 | **着物** きもの | 기모노 | N4 |

今日は成人の日で、着物を着ている人が多いです。
오늘은 성인의 날이어서, 기모노를 입은 사람이 많습니다.

| 604 | **急行** きゅうこう | 급행 | N4 |

普通より、急行で行った方が早いです。
보통보다 급행으로 가는 편이 빠릅니다.

605 今日
きょう

오늘 — N5

今日は日曜日で、公園は人でいっぱいです。
오늘은 일요일이어서, 공원은 사람들로 가득합니다.

606 兄弟
きょうだい

형제 — N5

うちは5人兄弟で、とてもにぎやかです。
우리 집은 5형제라서 아주 떠들썩합니다.

607 切る
き

자르다, 끊다 — N5

肉を食べやすく切りました。
고기를 먹기 좋게 잘랐습니다.

608 着る
き

입다 — N5

山田さんは、いつも素敵な服を着ています。
야마다 씨는 항상 멋진 옷을 입고 있습니다.

609 キロ

킬로그램 — N5

この荷物は10キロです。
이 짐은 10킬로그램입니다.

610 キロ

킬로미터 — N5

ここから駅までは約1キロぐらいです。
여기에서 역까지는 약 1킬로미터 정도입니다.

611 近所
きんじょ

집 근처, 이웃 — N4

うちの近所にコンビニができました。
집 근처에 편의점이 생겼습니다.

夜12時に騒ぐのは、近所迷惑です。
밤 12시에 떠드는 것은 이웃에게 폐가 됩니다.

612 **技術** ぎじゅつ
기술 N4

ここで働いている人々は、技術のレベルが高いです。
이곳에서 일하고 있는 사람들은 기술 수준이 높습니다.

613 **空気** くうき
공기 N4

この町は山に囲まれていて、空気がとてもきれいです。
이 마을은 산에 둘러싸여 있어, 공기가 아주 깨끗합니다.

614 **薬** くすり
약 N5

この薬を毎日3回飲んでください。
이 약을 매일 세 번 드세요.

© 약을 먹다
薬を飲む(○) 薬を食べる(X)

615 **靴** くつ
구두 N5

この靴ははきやすいです。
이 구두는 신기 좋습니다(발이 편합니다).

616 **首** くび
목 → のど 목청 N4

彼女の首は長くてきれいです。
그녀의 목은 길고 아름답습니다.

617 **比べる** くら
비교하다 N4

あの二人の実力を比べるのは無理です。
저 두 사람의 실력을 비교하는 것은 무리입니다.

137

618	**暮れる**	(날, 해, 한 해 등이) 저물다	N4

く

日が暮れる前に帰りましょう。
해가 지기 전에 돌아갑시다.

彼の帰りを待っていたら、日が暮れました。
그가 돌아오기를 기다리다가 해가 졌습니다.

今年も無事に暮れました。
올해도 무사히 저물었습니다.

619	**警官**	경관 → お巡まわりさん 경찰	N4

けいかん

あの交番にはいつも警官が3人います。
저 파출소에는 항상 경관이 3명 있습니다.

★警官과 お巡りさん의 차이
警官(けいかん) - 경찰행정 실무를 담당하는 공무원.
お巡(まわ)りさん - 경찰관의 친근한 표현.

620	**消す**	끄다 / 지우다 ↔ 点つける 켜다	N5

け

これから寝るから、電気を消してください。
이제부터 잘 테니, 전기를 꺼 주세요.

授業前に、黒板をきれいに消しました。
수업 전에 칠판을 깨끗이 지웠습니다.

621	**結構だ**	(な형용사) 충분하다, 됐다, 훌륭하다, 좋다 / (부사) 꽤, 상당히, 제법	N4

けっこう

いいえ、もうけっこうです。
아니요, 이제 됐습니다(충분합니다).

はんこは要りません。サインで結構です。
도장은 필요없습니다. 사인으로 충분합니다.

この本、けっこうおもしろい。
이 책, 꽤 재미있다.

622 結婚
けっこん
결혼 — N5

朝子さんはもう結婚しています。
아사코 씨는 이미 결혼했습니다.

623 県
けん
현(일본의 행정구역단위) — N4

日本には４３県があります。
일본에는 43현이 있습니다.

624 玄関
げんかん
현관 — N5

玄関のドアが開いています。
현관문이 열려있습니다.

625 ～個
こ
～개 — N5

朝から今までパン１個しか食べていません。
아침부터 지금까지, 빵 한 개밖에 먹지 못했습니다.

626 講義
こうぎ
강의 — N5

明日の講義の準備をしています。
내일 강의 준비를 하고 있습니다.

627 こう
이렇게 → そう 그렇게 / ああ 저렇게 — N5

こうすれば、簡単に味噌汁が作れますよ。
이렇게 하면 간단히 된장국을 끓일 수 있어요.

628 校長
こうちょう
교장 — N4

校長先生が来られました。
교장 선생님이 오셨습니다.

629 交通
こうつう
교통 — N4

この辺は交通が便利で、家賃が高いです。
이 주변은 교통이 편리해서 집세가 비쌉니다.

| 630 | **声**
 こえ | 소리 → 音おと 소리 | N5 |

隣の部屋で人の声がします。
옆방에서 사람 목소리가 납니다.

★声와 音의 차이
声(こえ) - 사람, 동물이 내는 소리
音(おと) - 그 외의 모든 소리

| 631 | **答え**
 こた | 대답 / 답, 해답 | N4 |

先からどんなに呼んでも答えがありません。
아까부터 아무리 불러도 대답이 없습니다.

この問題の答えがわかりません。
이 문제의 답을 모르겠습니다.

| 632 | **答える**
 こた | 대답하다 ↔ 聞きく 묻다 | N5 |

太郎は、先生の質問に答えました。
다로는 선생님 질문에 대답했습니다.

| 633 | **言葉**
 ことば | 단어 / 말, 언어 | N5 |

新しい言葉を辞書で調べました。
새 단어를 사전에서 조사했습니다.

「お元気ですか」は、韓国の言葉でなんと言いますか。

「お元気ですか」는 한국말로 뭐라고 합니까?

| 634 | **この間**
 あいだ | 얼마 전, 지난번 | N4 |

吉田さんなら、この間駅前で会いましたが、元気そうでしたよ。

요시다 씨라면, 얼마 전 역 앞에서 만났는데 잘 지내는 것 같았습니다.

| 635 | **困る** こま | 곤란하다, 애먹다, 난처하다 | N5 |

すみません。それはちょっと困りますが…
죄송합니다. 그건 좀 곤란합니다만……

| 636 | **米** こめ | 쌀 | N4 |

いい米を使えば、お酒もおいしくなります。
좋은 쌀을 사용하면 술도 맛있어집니다.

| 637 | **これから** | 지금부터, 앞으로, 이제부터 | N4 |

これからコンビニに行くけど、なにか買ってきてあげようか。
이제부터 편의점 갈 건데, 뭐 좀 사다줄까?

| 638 | **これで** | 이것으로, 이로써 | N5 |

では、これで今日の授業を終わりにします。
그럼 이것으로 오늘 수업을 마치겠습니다.

| 639 | **転ぶ** ころ | 넘어지다, 구르다 | N4 |

階段で転んでけがをしました。
계단에서 넘어져서 다쳤습니다.

| 640 | **怖い** こわ | 무섭다 | N4 |

この道は、夜遅く女一人で歩くのはこわいです。
이 길은, 밤늦게 여자 혼자 다니기는 무섭습니다.

| 641 | **今週** こんしゅう | 이번주 ↔ 先週 せんしゅう 지난주 | N5 |

レポートを今週中に出してください。
리포트를 이번주 중에 제출해 주세요.

141

642 今夜
こんや

오늘 밤 — N4

明日は休みだし、今夜は遅くまで飲みましょう。
내일은 쉬는 날이고 하니, 오늘 밤은 늦게까지 마십시다.

643 ～ございます

「ある」의 정중어: ～입니다 / 있습니다 — N4

はい、○○産業でございます。
네, ○○산업입니다.

社長、あちらにもお席がございます。
사장님, 저쪽에도 자리가 있습니다.

644 ご存じだ
ぞん

「知る」의 존경어: 아시다 — N4

先生、田中君をご存じですか。
선생님, 다나카 군을 알고 계십니까?

645 ごちそうさま

잘 먹었습니다 — N5

日本人はご飯を食べたあと、「ごちそうさまでした」と言います。
일본인은 밥을 다 먹은 후「ごちそうさまでした」라고 합니다.

646 ご覧になる
らん

「見る」의 존경어: 보시다 — N4

社長、今度の計画書をもうご覧になりましたか。
사장님, 이번 계획서를 이미 보셨습니까?

647 最近
さいきん

최근, 요즘 — N4

最近、いじめの問題が深刻になっているようです。
요즘 이지메 문제가 심각해지고 있는 것 같습니다.

648 最後
さいご

최후, 마지막, 끝 ↔ 最初 さいしょ 최초 — N4

時間がなくて、最後の問題には答えられなかった。
시간이 없어서 마지막 문제에는 답하지 못했다.

| 649 | **下がる**
 さ | 내려가다, 떨어지다 ↔ 上あがる 올라가다 | N4 |

夜になると、気温も下がりますね。
밤이 되면 기온도 내려가는군요.

値段が下がりました。
값이 떨어졌습니다.

| 650 | **作文**
 さくぶん | 작문 | N4 |

今度の作文の試験は難しくて、成績はあまりよくなかったです。
이번 작문 시험은 어려워서 성적이 그다지 좋지 못했습니다.

| 651 | **さす** | (우산을) 쓰다 | N5 |

雨はもう止んでいるのに、彼女はかさをさしています。
비는 이미 그쳤는데 그녀는 우산을 쓰고 있습니다.

| 652 | **さようなら** | 헤어질 때 쓰는 인사말, 안녕히 가세요(계세요) | N5 |

日本人は別れるとき、「さようなら」と言います。
일본인은 헤어질 때「さようなら」라고 합니다.

| 653 | **再来週**
 さらいしゅう | 다다음주 | N5 |

次のテストは再来週にあります。
다음 시험은 다다음주에 있습니다.

| 654 | **再来年**
 さらいねん | 내후년 | N5 |

次のオリンピックは再来年になります。
다음 올림픽은 내후년이 됩니다.

143

| 655 | **触る** さわ | 만지다, 손대다 | N4 |

危険ですから、この機械に触らないでください。
위험하오니 이 기계를 만지지 말아주세요.

| 656 | **産業** さんぎょう | 산업 | N4 |

この国の主な産業は漁業です。
이 나라의 주요 산업은 어업입니다.

| 657 | **サンダル** | 샌들 | N5 |

夏にはくつより、サンダルをはいています。
여름에는 구두보다 샌들을 신고 있습니다.

| 658 | **散歩** さんぽ | 산책 | N5 |

父は毎朝、公園を散歩しています。
아버지는 매일 아침 공원을 산책하고 있습니다.

| 659 | **雑誌** ざっし | 잡지 | N5 |

電車の中で雑誌を読んでいます。
전철 안에서 잡지를 읽고 있습니다.

| 660 | **試合** しあい | 시합 | N4 |

今日の試合は、雨で中止になりました。
오늘 시합은 비로 중지되었습니다.

| 661 | **しっかり** | 단단히, 제대로, 확실히, 똑똑히 | N4 |

もっとひもをしっかり結んでください。
좀더 끈을 단단히 묶어 주세요.

太郎君、勉強しっかりしろよ。
다로 군, 공부 제대로(똑바로) 해.

うちの妻は、家事と育児をしっかりしている。
우리 아내는 집안일과 육아를 똑소리나게 한다.(잘한다)

662 (〜て)しまう — (〜하고) 말다, (〜해) 버리다 — N4

電車の中に、かさを忘れてしまいました。
전철 안에 우산을 두고 내리고 말았습니다.

663 市民 (しみん) — 시민 — N4

市民の皆さんのご協力が必要です。
시민 여러분의 협력이 필요합니다.

664 社長 (しゃちょう) — 사장, 사장님 — N5

青木さんは会社の社長になりました。
아오키 씨는 회사 사장이 되었습니다.

665 シャツ — 셔츠 — N5

シャツが汚くなって、洗濯しました。
셔츠가 더러워져서 빨았습니다.

666 習慣 (しゅうかん) — 습관 — N4

いい習慣を身につけることは大切です。
좋은 습관을 몸에 익히는 것은 중요합니다.

667 宿題 (しゅくだい) — 숙제 — N5

今日は宿題が多すぎて、やってもやっても終わりません。
오늘은 숙제가 너무 많아서, 해도 해도 끝나지 않습니다.

668 出発 (しゅっぱつ) — 출발 — N4

天気が悪くて、今日の出発は延期になりました。
날씨가 나빠서, 오늘 출발은 연기되었습니다.

669	**小説** しょうせつ	소설　　N4

そんな小説のような話はありえません。
그런 소설 같은 이야기는 있을 수 없습니다.

670	**招待** しょうたい	초대　　N4

由美子さんの誕生パーティーに招待されました。
유미코 씨 생일 파티에 초대받았습니다.

671	**将来** しょうらい	장래　　N4

私の将来の夢は、小学校の先生になることです。
제 장래의 꿈은, 초등학교 선생님이 되는 것입니다.

672	**食料品** しょくりょうひん	식료품　　N4

このデパートの地下に、食料品の売り場があります。
이 백화점 지하에 식료품 매장이 있습니다.

673	**時代** じだい	시대, 시절　　N4

高校時代、いつも１５分遅れてくる子がいました。
고교시절, 언제나 15분 늦게 오는 친구가 있었습니다.

674	**邪魔** じゃま	방해　　N5

今仕事中ですから、じゃましないでください。
지금 일하는 중이니까 방해하지 마세요.

675	**準備** じゅんび	준비　　N4

国内旅行でも、２週間なら準備も大変ですよね。
국내여행이라도 2주면 준비도 힘들겠군요.

676	**水泳** すいえい	수영　　N4

私の趣味は水泳です。
제 취미는 수영입니다.

| 677 | **スイッチ** | 스위치 | N5 |

このスイッチを押すと、電気がつきます。
이 스위치를 누르면 전기가 켜집니다.

| 678 | **水道** すいどう | 수도, 수돗물 | N4 |

昨日は一日中水道が出なくて、歯も磨けませんでした。
어제는 하루 종일 물이 안 나와서, 이도 닦지 못했습니다.

| 679 | **吸う** す | 들이마시다, 흡수하다, 빨아들이다 | N5 |

たばこは吸わない方がいいですよ。
담배는 피우지 않는 편이 좋습니다.

| 680 | **スーツケース** | 슈트케이스, 여행용 소형 가방 | N4 |

あの青いスーツケースは誰のですか。
저 파란색 슈트케이스는 누구겁니까?

| 681 | **スカート** | 치마 | N5 |

彼女はいつもスカートをはいています。
그녀는 항상 치마를 입고 있습니다.

| 682 | **スキー** | 스키 | N5 |

冬になったら、みんなでスキーに行きましょう。
겨울이 되면 다 같이 스키타러 갑시다.

| 683 | **少ない** すく | 적다 ↔ 多おおい 많다 | N5 |

このレストランはおいしいのに、客は少ないです。
이 레스토랑은, 맛있는데 손님은 적습니다.

| 684 | **すっかり** | 완전히, 모두 | N4 |

先週はかぜで大変でしたが、今はすっかり元気になりました。

지난주는 감기로 고생했습니다만, 지금은 완전히 건강해졌습니다.

山田さんとの約束をすっかり忘れてしまいました。

야마다 씨와의 약속을 완전히 잊어버리고 말았습니다.

| 685 | **捨てる** (す) | 버리다 ↔ 拾 (ひろう) 줍다 | N4 |

今朝、ごみを捨ててきました。

오늘 아침 쓰레기를 버리고 왔습니다.

| 686 | **滑る** (すべ) | 미끄러지다(예외 5단동사) | N4 |

朝から雪が降って道が滑りやすいです。

아침부터 눈이 와서 길이 미끄럽습니다.

| 687 | **隅** (すみ) | 구석 | N4 |

部屋の隅にかばんが置いてあります。

방 구석에 가방이 놓여 있습니다.

| 688 | **スポーツ** | 스포츠 | N5 |

私はスポーツは苦手です。

저는 스포츠는 자신없습니다.

| 689 | **すると** | (순접 접속사) 그러자, 그랬더니 | N4 |

一人で空を見上げていた。すると急に涙が流れてきた。

혼자서 하늘을 올려다 보고 있었다. 그랬더니 갑자기 눈물이 흘러내리기 시작하였다.

| 690 | **座る** すわ | 앉다 ↔ 立たつ 서다 | N5 |

みんな席に座ってください。
모두 자리에 앉아 주세요.

| 691 | **〜ずに** | 「〜ないで」의 문어체적 표현: 〜하지 않고, 〜하지 말고 | N4 |

私は何も言わずに、彼女の話を聞いていました。
저는 아무말도 하지 않고 그녀의 말을 듣고 있었습니다.

| 692 | **ズボン** | 바지 | N5 |

次郎君はいつも白いズボンをはいています。
지로 군은 항상 흰 바지를 입고 있습니다.

| 693 | **背** せ | 키, 신장 | N5 |

クラスでは青木君が一番背が高いです。
우리 반에서는 아오키 군이 제일 키가 큽니다.

| 694 | **〜製** せい | 〜제 | N4 |

このテレビは中国製です。
이 텔레비전은 중국제입니다.

| 695 | **席** せき | 자리, 좌석 | N5 |

吉村さんの隣の席に座ってください。
요시무라 씨 옆자리에 앉아주세요.

| 696 | **せっけん** | 비누 | N5 |

せっけんを全部使ってしまいました。
비누를 다 쓰고 말았습니다.

| 697 | **説明** せつめい | 설명 | N4 |

田中君、次の計画についてもっと詳しく説明してください。

다나카 군, 다음 계획에 대해 좀더 자세하게 설명해 주세요.

| 698 | **狭い** せま | 좁다 ↔ 広 ひろい 넓다 | N5 |

部屋が狭くて、広い部屋がほしいです。

방이 좁아서, 넓은 방을 갖고 싶습니다.

| 699 | **世話** せわ | 돌봄, 보살핌 | N4 |

赤ちゃんの世話は、やはり大変ですね。

갓난아기 돌보는 것은 역시 힘드는군요.

長い間、お世話になりました。

오랫동안 신세를 졌습니다. (회사 등을 그만둘 때의 인사말)

| 700 | **先輩** せんぱい | 선배 ↔ 後輩 こうはい 후배 | N4 |

石川さんは怖い先輩でした。

이시카와 씨는 무서운 선배였습니다.

| 701 | **専門** せんもん | 전문, 전공 | N4 |

私と高橋さんの専門は違います。

저와 다카하시 씨의 전공은 다릅니다.

| 702 | **全部** ぜんぶ | 전부, 모두 | N5 |

ここにあるものは全部でいくらですか。

여기 있는 물건은 전부해서 얼마입니까?

703 そう   그렇게   N4

佐藤(さとう)さんに、そう伝(つた)えてください。
사토 씨에게 그렇게 전해주세요.

◎ そうです 그렇습니다〈명사로 질문한 것에 대한 대답〉
「高橋(たかはし)さんのふるさとは佐賀(さが)ですか。」 다카하시 씨의 고향은 사가입니까?
「はい、そうです。」 네, 그렇습니다.

◎ そうですね 〈감탄사로〉 글쎄요, 그렇군요
「高橋(たかはし)さん、明日(あした)どうしますか。」 다카하시 씨, 내일 어떻게 할 겁니까?
「そうですね、まだ決(き)めていないので…」 글쎄요, 아직 정하지 못해서……

704 そこ   거기, 그곳   N5

そこは太郎君(たろうくん)の席(せき)です。
그곳은 다로 군의 자리입니다.

705 そして   그리고 〈나열〉   N5

私(わたし)はノートを3冊(さんさつ)買(か)いました。そして、鉛筆(えんぴつ)も5本(ごほん)買(か)いました。
저는 공책을 3권 샀습니다. 그리고 연필도 5자루 샀습니다.

706 そちら   그쪽 → そっち 그쪽   N5

そちらまで歩(ある)いてどのぐらいかかりますか。
그쪽까지 걸어서 어느 정도 걸립니까?

707 それから   그리고, 그리고 나서 〈순차적 연결〉   N5

私(わたし)は家(いえ)に帰(かえ)ったらまずお風呂(ふろ)に入(はい)ります。それから、晩(ばん)ご飯(はん)を食(た)べます。
저는 집에 돌아오면 우선 목욕을 합니다. 그리고 나서 저녁을 먹습니다.

| 708 | **それでは** | 그럼, 그렇다면 = それじゃ | N5 |

社長が来ました。それでは会議を始めます。
사장님이 오셨습니다. 그럼 회의를 시작하겠습니다.

| 709 | **それとも** | (AそれともBの로 쓰여) A 아니면 B〈선택〉 | N5 |

飛行機で行きますか、それとも船で行きますか。
비행기로 갑니까, 아니면 배로 갑니까?

| 710 | **それに** | 게다가, 더욱이 | N4 |

由美子さんはとてもやさしい人です。それに、きれいです。
유미코 씨는 아주 착한 사람입니다. 게다가, 미인입니다.

| 711 | **それほど** | 그다지, 그렇게 | N4 |

出席者は、それほど多くなかったです。
출석자는 그렇게 많지 않았습니다.

| 712 | **たいてい** | 대개 | N4 |

昼ごはんはたいてい、会社の食堂で食べています。
점심은 대개 회사 식당에서 먹고 있습니다.

| 713 | **台風** (たいふう) | 태풍 | N4 |

今日は台風で船が出られません。
오늘은 태풍 때문에 배가 출발할 수 없습니다.

| 714 | **たくさん** | 많이 | N5 |

広場にたくさんの人が集まっています。
광장에 많은 사람이 모여 있습니다.

715 建てる
た

(건물, 집 등) 짓다 → 立てる 세우다 **N4**

今度、我が家を建てることになりました。
이번에 제 집을 짓게 되었습니다.

716 楽しみ
たの

즐거움, 기대 **N4**

母は今度の温泉旅行を、とても楽しみにしています。

어머니는 이번 온천여행을 매우 기대하고 있습니다.

◎ 楽しみにする 기대하다

717 食べ物
た もの

먹을 것, 음식 **N5**

家に食べ物がなくて、困りました。
집에 먹을 게 없어서 곤란했습니다.

718 〜たり

〜하거나, 〜하기도 하고 **N4**

休みの日には映画を見たり、友達に会ったりします。

쉬는 날에는 영화를 보거나 친구를 만나거나 합니다.

719 大学生
だいがくせい

대학생 **N5**

山田さんは来年大学生になります。
야마다 씨는 내년에 대학생이 됩니다.

720 大丈夫だ
だいじょうぶ

괜찮다 **N4**

この魚は生で食べても大丈夫です。
이 생선은 날걸로 먹어도 괜찮습니다.

| 721 | **だいたい** | 거의, 대체로 | N4 |

ええ、話はだいたいわかりました。
네, 말씀은 거의 이해했습니다.

宿題はだいたい終わりました。
숙제는 거의 끝났습니다.

| 722 | **台所** (だいどころ) | 부엌 | N5 |

うちの台所は狭いです。
우리 집 부엌은 좁습니다.

| 723 | **だから** | (접속사) 그러니까, 그래서
→ ですから だから보다 정중 | N4 |

今雨が降っています。だから、今日は出かけないでください。
지금 비가 오고 있습니다. 그러니까 오늘은 외출하지 마세요.

| 724 | **だめだ** | 안된다 / 소용없다 | N4 |

テスト中、本を見てはだめですよ。
시험 중 책을 봐서는 안됩니다.

彼女に頼んでみましたが、だめでした。
그녀에게 부탁해 보았습니다만 소용없었습니다.

| 725 | **近い** (ちか) | 가깝다 ↔ 遠(とお)い 멀다 | N5 |

ここから私の家は近いです。
여기에서 우리 집은 가깝습니다.

| 726 | **駐車場** (ちゅうしゃじょう) | 주차장 | N4 |

私の車はあの駐車場にあります。
제 차는 저 주차장에 있습니다.

| 727 | **中止** ちゅうし | 중지 | N4 |

雨で試合は中止になりました。
비로 시합은 중지되었습니다.

| 728 | **ちょうど** | 정확히, 딱 / 방금, 막 | N5 |

今ちょうど１２時です。
지금 정확히 12시입니다.

このかばんがちょうどいいですね。
이 가방이 딱 좋겠군요.

今ちょうどご飯を食べてきたところです。
지금 막 밥을 먹고 온 참입니다.

| 729 | **地理** ちり | 지리 | N4 |

林さんはこの辺の地理に明るいです。
하야시 씨는 이 근처 지리에 밝습니다.

| 730 | **疲れる** つか | 피곤하다, 지치다 | N5 |

疲れましたね、ちょっと休みましょうか。
피곤하네요, 잠깐 쉴까요?

２時間も歩いて、のども乾いたし、足も疲れました。
2시간이나 걸었더니 목도 마르고 다리도 아픕니다.

お疲れさまでした。
수고하셨습니다.

| 731 | **都合** つごう | 형편, 사정 | N4 |

今夜のパーティーには都合が悪くて行けなくなりました。

오늘 밤 파티에는 사정이 나빠져서(사정이 생겨서) 못 가게 되었습니다.

| 732 | **包む**
 つつ | 싸다, 포장하다 | N4 |

プレゼントですから、きれいに包んでください。
선물이니까 예쁘게 포장해 주세요.

| 733 | **つまらない** | 따분하다, 재미없다 | N5 |

昨日から始まったドラマは本当につまらなかったです。
어제부터 시작한 드라마는 정말 재미없었습니다.

| 734 | **冷たい**
 つめ | 차다, 차갑다, 시원하다 / 냉정하다 ↔ **熱**あつい 뜨겁다 | N4 |

寒くて、手が冷たくなりました。
추워서 손이 차가워졌습니다.

冷たいビールが飲みたいです。
시원한 맥주를 마시고 싶습니다.

青山さんは冷たい人です。
아오야마 씨는 냉정한 사람입니다.

| 735 | **連れる**
 つ | 데리고 가다(오다) | N4 |

母親は市場へ子供を連れて行きました。
어머니는 시장에 아이를 데리고 갔습니다.

このレストランに犬を連れてきてはいけません。
이 레스토랑에 개를 데리고 와서는 안됩니다.

| 736 | **手**
 て | 손 | N5 |

ご飯を食べる前に手を洗いました。
밥 먹기 전에 손을 씻었습니다.

| 737 | **丁寧だ** (ていねい) | 정중하다, 공손하다 | N4 |

田中さんは山田さんに丁寧に謝りました。
다나카 씨는 야마다 씨에게 정중하게 사과했습니다.

| 738 | **適当だ** (てきとう) | 적당하다 | N4 |

来月クラス会がありますが、適当なところ知っていますか。
다음달에 동창회가 있는데, 적당한 곳 알고 있어요?

| 739 | **テーブル** | 테이블 | N5 |

部屋の真ん中にテーブルが置いてあります。
방 한가운데에 테이블이 놓여 있습니다.

| 740 | **テープレコーダー** | 카세트 녹음기 | N5 |

英語の授業でテープレコーダーを使います。
영어 수업에서 카세트 녹음기를 사용합니다.

| 741 | **テスト** | 테스트, 시험, 검사 | N5 |

昨日のテストは本当に難しかったです。
어제 시험은 정말 어려웠습니다.

| 742 | **テニス** | 테니스 | N5 |

私は3時間もテニスをして疲れました。
저는 3시간이나 테니스를 쳐서 피곤합니다.

| 743 | **展覧会** (てんらんかい) | 전람회 | N4 |

今度の日曜日、展覧会に行きませんか。
이번 주 일요일, 전람회에 가지 않겠습니까?

744 できる | 가능하다, 할 수 있다 | N5

由美さんは運転できますか。
유미 씨는 운전할 수 있습니까?

吉村さんは仕事もできるし、スポーツもできます。
요시무라 씨는 일도 잘하고 운동도 잘합니다.

◎ よくできる 잘하다
95点ですか。よくできましたね。 95점입니까? (시험) 잘 봤네요.

745 できる | 완성되다, 만들어지다 / 생기다 | N4

料理ができました。
요리가 완성되었습니다.

うちの前に、スーパーができました。
집 앞에 슈퍼가 생겼습니다.

746 できるだけ | 가능한 한, 될 수 있는 한 | N4

まだ時間はありますが、できるだけ早く終わらせた方がいいと思います。
아직 시간은 있습니다만, 가능한 한 빨리 끝마치는 게 좋을 것 같습니다.

747 出口 | 출구 ↔ 入り口 입구 | N5

出口の方に人がたくさん集まっています。
출구 쪽에 사람이 많이 모여 있습니다.

748 デパート | 백화점 | N5

デパートの入り口はいつも込んでいます。
백화점 입구는 항상 붐비고 있습니다.

| 749 | **トイレ** | 화장실 = お手洗てあらい 화장실 | N5 |

このビルのトイレはどこですか。
이 빌딩의 화장실은 어디입니까?

| 750 | **遠い** とお | 멀다 ↔ 近ちかい 가깝다 | N5 |

学校からバス停までは遠いです。
학교에서 버스정류장까지는 멉니다.

| 751 | **遠く** とお | 먼 곳 | N4 |

あの遠くに見えるのが東京タワーです。
저 멀리 보이는 것이 도쿄타워입니다.

| 752 | **通り** とお | 길, 거리 | N4 |

この通りには居酒屋がたくさん並んでいます。
이 거리에는 선술집이 많이 늘어서 있습니다.

| 753 | **通る** とお | 지나가다, 통과하다 | N4 |

このバスは駅の前を通ります。
이 버스는 역 앞을 지나갑니다.

| 754 | **特別** とくべつ | 특별 | N4 |

今日は特別に安くしてあげましょう。
오늘은 특별히 싸게 해드리겠습니다.

| 755 | **特急** とっきゅう | 특급 | N4 |

普通ではなく、特急に乗って行けば間に合うと思います。
보통 말고 특급을 타고 가면 제시간에 맞을 겁니다.

756 とても
아주, 매우 / 도저히   N4

台所に入ったら、とてもいいにおいがしました。
부엌에 들어갔더니 아주 좋은 냄새가 났습니다.

このキムチは辛すぎて、とても食べられません。
이 김치는 너무 매워서 도저히 못 먹겠습니다.

757 飛ぶ
と

날다   N5

鳥のように、空を飛んでみたいです。
새처럼 하늘을 날아보고 싶습니다.

758 取る
と

들다, 집다, 가지다 / (나이를) 먹다 / (휴가) 받다 / (점수) 따다   N5

青木さん、そこの長いびんを取ってください。
아오키 씨, 거기 긴 병을 집어 주세요.

おじいさんは年を取ってから、体が弱くなりました。
할아버지는 나이를 먹고나서 몸이 약해졌습니다.

休みを取って、家族と一緒に沖縄旅行に行きました。
휴가를 내서 가족과 함께 오키나와 여행을 갔습니다.

彼はこの前のテストで100点を取って、先生にほめられました。
그는 지난 시험에서 100점을 맞아 선생님한테 칭찬받았습니다.

759 動物
どうぶつ

동물   N5

動物の中で犬が一番好きです。
동물 중에서 개를 제일 좋아합니다.

760 動物園
どうぶつえん

동물원   N4

動物園はいろいろな動物がいて、とても楽しいところです。
동물원은 여러 동물이 있어, 아주 재미있는 곳입니다.

| 761 | **どっち** | 어느 쪽 → どちら 어느 쪽/어느 분 | N5 |

飛行機と船と、どっちにしますか。
비행기와 배 중 어느 쪽으로 하겠습니까?

| 762 | **どなた** | 어느 분 | N5 |

河野さんはどなたですか。
가와노 씨는 어느 분이십니까?

| 763 | **~な** | (동사 원형에 접속) ~하지마〈금지〉 | N4 |

ここは教室だよ。タバコは吸うな。
여기는 교실이야. 담배는 피우지마.

| 764 | **~なさい** | (동사 ます형에 접속) ~하거라, ~해라〈가벼운 지시, 명령〉 | N4 |

由美ちゃん、早く起きなさい。もう8時だよ。
유미야, 어서 일어나거라. 벌써 8시야.

◎ 기본형은 なさる로, 동년배나 손아랫사람에게 사용한다.

| 765 | **~など** | ~등 | N5 |

引き出しの中に、鉛筆や消しゴムやのりなどがあります。
서랍 속에 연필이랑 지우개랑 풀 등이 있습니다.

| 766 | **並ぶ** | 늘어서다, 줄서다 | N5 |

棚の上に、いろいろなものが並んでいます。
선반 위에 다양한 물건이 늘어서 있습니다.

レストランの前に、たくさんの人が並んでいます。
레스토랑 앞에 많은 사람이 줄 서 있습니다.

767 並べる
なら

늘어세우다, 나란히 놓다 **N5**

母はテーブルの上にコップと皿を並べました。
어머니는 테이블 위에 컵과 접시를 나란히 놓았습니다.

768 慣れる
な

익숙해지다, 적응하다 **N4**

新しい会社で慣れない仕事をして、とても疲れました。
새 회사에서 익숙치 않은 일을 해서 매우 피곤합니다.

769 苦い
にが

쓰다 ↔ 甘あまい 달다 **N4**

この薬は苦くて、飲みたくないです。
이 약은 써서 먹고 싶지 않습니다.

770 西口
にしぐち

서쪽 출입구 ↔ 東口 ひがしぐち 동쪽 출입구 기준외

駅の西口の方にコンビニがあります。
역 서쪽 출입구에 편의점이 있습니다.

771 日本
にほん

일본 기준외

金さんはまだ日本へ行ったことがないそうです。
김 씨는 아직 일본에 간 적이 없다고 합니다.

772 荷物
にもつ

짐 **N4**

郵便局で荷物をアメリカへ送りました。
우체국에서 짐을 미국에 보냈습니다.

773 似る
に

닮다 **N4**

この子は父親によく似ていますね。
이 아이는 아버지를 쏙 닮았군요.

◎ ～に似ている ～를 닮다

774 〜ね 〜군, 〜군요, 〜네요 — N5

「このパン、おいしいですね。」
이 빵, 맛있군요.

「ええ、それに安いですね。」
네, 게다가 싸네요.

775 熱 (ねつ) 열 — N4

風邪を引いて、熱が３９度もあります。
감기에 걸려서 열이 39도나 됩니다.

776 眠る (ねむ) 자다 → 寝る 자다/눕다 — N4

部屋で赤ん坊が、すやすやと眠っています。
방에서 아기가 쌔근쌔근 자고 있습니다.

777 〜年 (ねん) 〜년 — N5

日本に来て、もう３年になります。
일본에 온 지 벌써 3년이 됩니다.

778 喉 (のど) 목, 목청 — N4

喉が乾きました。
목이 마릅니다.

カラオケで１０曲も歌って、のどが痛いです。
노래방에서 10곡이나 불러서 목이 아픕니다.

779 登る
のぼ

(산에) 오르다, 올라가다 → 上ぁがる 오르다, 높아지다　**N5**

来週の日曜日に、友達と山に登ることにしました。
다음주 일요일에 친구와 산에 오르기로 하였습니다.

★登る와 上がる의 차이
登(のぼ)る - 산과 같은 높은 곳을 향하여 올라갈 때 사용.
上(あ)がる - 주로 어떤 수치(물가, 성적, 높이, 월급 등)가 올라갈 때 사용.
  성적이 올랐다
  ・成績が上がった。(○)
  ・成績が登った。(×)

780 乗り換える
の　　か

갈아타다, 환승하다　**N4**

次の駅で降りて、山手線に乗り換えたら上野駅に行けますよ。
다음 역에서 내려서 야마노테선으로 갈아타면 우에노역에 갈 수 있습니다.

781 歯医者
は　い しゃ

치과의사　**N4**

歯医者に「もっと歯を磨きなさい」と言われました。
치과의사에게 '이를 더 닦으세요'란 말을 들었습니다.

782 橋
はし

다리 → 箸 はし 젓가락　**N5**

あの橋を渡ると、工場が見えます。
저 다리를 건너면 공장이 보입니다.

783 初め
はじ

처음, 최초 ↔ 終ぉわり 끝　**N5**

私は初めに日本へ行きます。
저는 처음에 일본으로 갑니다.

| 784 | **花見** はなみ | 꽃구경 | N4 |

この辺りは毎年５月になると、花見に来た人で
にぎわうようになります。

이 주변은 매년 5월이 되면, 꽃구경온 사람들로 붐비게 됩니다.

◎ 月見(つきみ) : 달구경　もみじがり : 단풍놀이

| 785 | **払う** はら | (돈을) 내다, 지불하다 | N4 |

その男は食事代を払わないで、逃げました。
그 남자는 밥값을 내지 않고 도망갔습니다.

| 786 | **半** はん | 반 | 기준외 |

今ちょうど１２時半です。
지금 정확히 12시 반입니다.

| 787 | **場所** ばしょ | 장소 | N4 |

明日の会食ですが、時間と場所を知っていますか。
내일 회식말인데요, 시간과 장소를 알고 있습니까?

| 788 | **バス** | 버스 | N5 |

東京はバスより、電車の方が楽で便利ですよ。
도쿄는 버스보다 전철이 편하고 편리합니다.

| 789 | **バレーボール** | 배구 | 기준외 |

学校のクラブ活動で、バレーボールをやって
います。

학교 클럽활동으로 배구를 하고 있습니다.

790 番組 — プログラム N4
ばんぐみ

最近は子供のための番組が少なくなったような気がします。
요즘은 어린이를 위한 프로그램이 적어진 것 같습니다.

791 日 — 날/해 → 火 ひ 불 N4
ひ

田村さんは休みの日には、どんなことをしますか。
다무라 씨는 쉬는 날에는, 어떤 일을 하십니까?

山へ日が昇るのを見に行きました。
산에 해 뜨는 것을 보러 갔습니다.

792 〜日 — 〜일 N4
にち

今日は２７日です。
오늘은 27일입니다.

793 光る — 빛나다 N4
ひか

ダイヤモンドがきれいに光っています。
다이아몬드가 아름답게 빛나고 있습니다.

794 光 — 빛, 불빛 N4
ひかり

光が見える方向に移動した。
빛이 보이는 방향으로 이동했다.

795 飛行機 — 비행기 N5
ひこうき

彼は高いところが怖くて、飛行機に乗れません。
그는 높은 곳이 무서워서 비행기를 못 탑니다.

796 引っ越し
ひっこし

이사

急に引っ越しをすることになって、その準備でとても忙しいです。
갑자기 이사를 하게 되어 그 준비로 매우 바쁩니다.

797 必要
ひつよう

필요

N4

留学に行くなら、やはりお金も必要ですね。
유학을 간다면 역시 돈도 필요하지요.

798 一人
ひとり

한 명, 혼자

N5

今度の旅行は、私一人で行くことにしました。
이번 여행은 저 혼자 가기로 했습니다.

799 ひどい

심하다, 너무하다

N4

彼女は、学生時代にひどいいじめを受けて、学校をやめてしまいました。
그녀는 학창시절에 심한 이지메를 당해 학교를 그만두고 말았습니다.

800 昼
ひる

낮, 정오 → 朝あさ 아침 夜よる 밤

N5

父は昼は仕事、夜は大学に通いながら勉強したそうです。
아버지는 낮에는 일, 밤에는 대학에 다니면서 공부했다고 합니다.

801 昼御飯
ひるごはん

점심밥 → 朝御飯あさごはん 아침밥/晩御飯ばんごはん 저녁밥

N5

今日の昼御飯は焼きそばにしましょう。
오늘 점심은 야키소바로 합시다.

| 802 | **昼頃** ひるごろ | 정오 무렵, 점심 무렵 | N5 |

おとといの昼頃東京に着きました。
그제 정오 무렵 도쿄에 도착했습니다.

| 803 | **昼休み** ひるやす | 점심시간 | N4 |

うちの会社の昼休みは、１２時半から１時半までです。
우리 회사 점심시간은 12시 반부터 1시 반까지입니다.

| 804 | **拾う** ひろ | 줍다 ↔ 捨てる 버리다 | N4 |

道に捨ててあるテレビを拾ってきました。
길에 버려져 있는 텔레비전을 주워왔습니다.

| 805 | **広場** ひろば | 광장 | 기준외 |

この町の中央にはすばらしい広場があります。
이 마을의 중앙에는 멋진 광장이 있습니다.

| 806 | **ビル** | 빌딩, 건물 | N5 |

私の事務室はあのビルの１２階にあります。
제 사무실은 저 빌딩 12층에 있습니다.

| 807 | **複雑だ** ふくざつ | 복잡하다 ↔ 簡単かんたんだ 간단하다 | N4 |

この機械は複雑すぎて、説明書を読んでも使い方がわかりません。
이 기계는 너무 복잡해서, 설명서를 읽어도 사용법을 모르겠습니다.

| 808 | **太い** ふと | 굵다 ↔ 細ほそい 가늘다 | N5 |

この庭には、太い木も細い木もあります。
이 정원에는, 굵은 나무도 가는 나무도 있습니다.

809 太る
ふと

살찌다, 뚱뚱해지다 ↔ **やせる** 살빠지다, 야위다, 마르다 N4

夜遅くご飯を食べたので、最近ちょっと太りました。
밤 늦게 밥을 먹어서 요즘 조금 살이 쪘습니다.

810 プレゼント

선물 N5

妹の誕生日に、くつをプレゼントしました。
여동생 생일에 구두를 선물했습니다.

811 文学
ぶんがく

문학 N4

彼は日本の文学について勉強しています。
그는 일본문학에 대해서 공부하고 있습니다.

812 返事
へんじ

대답, 답장 N4

太郎は先生に呼ばれると、「はい」と返事をしました。
다로는 선생님께 불리우자 '네'하고 대답을 했습니다.

田舎の友達から手紙が来たので、返事を書きました。
고향친구로부터 편지가 와서 답장을 썼습니다.

813 ページ

페이지, 쪽 N5

今度のテストは1ページから25ページまでです。
이번 시험은 1페이지부터 25페이지까지입니다.

814 ペット

애완동물 N5

このアパートでは、ペットは飼えません。
이 아파트에서는 애완동물은 키울 수 없습니다.

815 細い
ほそ

가늘다 ↔ **太**ふと**い** 굵다 N5

昨日兄が買ってきたペンは、細くて長いです。
어제 형이 사온 펜은 가늘고 깁니다.

| 816 | **褒める** ほ | 칭찬하다 ↔ 叱しかる 야단치다 | N4 |

加藤君は先生にほめられました。
가토 군은 선생님께 칭찬받았습니다.

| 817 | **本当** ほんとう | 정말, 사실 | N5 |

彼は本当にお酒が好きですね。毎晩飲んでいます。
그는 정말 술을 좋아하는군요. 매일 밤 마시고 있습니다.

| 818 | **貿易** ぼうえき | 무역 | N4 |

兄は貿易会社に勤めています。
형은 무역회사에 근무하고 있습니다.

| 819 | **帽子** ぼうし | 모자 | N5 |

今日は暑いので、子供たちはみんな帽子を被っています。

오늘은 더워서, 아이들은 모두 모자를 쓰고 있습니다.

| 820 | **ボールペン** | 볼펜 | N5 |

鉛筆でなくて、ボールペンで書いてください。
연필 말고 볼펜으로 써 주세요.

| 821 | **毎週** まいしゅう | 매주 | N5 |

私は毎週日曜日に山へ行きます。
저는 매주 일요일에 산에 갑니다.

| 822 | **曲がる** ま | (방향) 꺾다, 돌다 / 휘어지다, 구부러지다 | N4 |

その角を曲がると、郵便局があります。
그 모퉁이를 돌면 우체국이 있습니다.

さっきの地震で、線路が曲がっています。
방금 전 지진으로, 선로가 구부러져 있습니다.

823 まずい
맛없다 ↔ おいしい 맛있다 N5

あのレストランはまずくて、行きたくありません。
저 레스토랑은 맛이 없어서 가고 싶지 않습니다.

824 または
또는 = あるいは 혹은 N4

書類は、ファックスまたはメールでお送りします。
서류는 팩스 또는 메일로 보내드리겠습니다.

825 間違える
まちが

틀리다, 잘못하다 N4

メリーさんは、「おいしい」「うれしい」の使い方を時々間違えて私たちをよく笑わせた。
메리 씨는「おいしい」,「うれしい」의 사용법을 종종 틀려서 우리들을 자주 웃게 해 주었다.

826 まっすぐ(に)
똑바로, 곧장 N5

この橋を渡ってまっすぐ行くと、駅があります。
이 다리를 건너 똑바로 가면 역이 있습니다.

827 みかん
귤 기출어

このみかんは甘くておいしいです。
이 귤은 달고 맛있습니다.

828 見せる
み

보여주다 N5

これより小さいかばんを見せてください。
이것보다 작은 가방을 보여주세요.

829 道
みち

길 N5

この道は狭くて、いつも込んでいます。
이 길은 좁아서 언제나 막히고 있습니다.

| 830 | **耳** みみ | 귀 | N5 |

あの人は目と耳が大きいです。
저 사람은 눈과 귀가 큽니다.

| 831 | **迎える** むか | 맞이하다 ↔ 送おくる 바래다주다 | N4 |

空港へ行ってアメリカからのお客様を迎えました。
공항에 가서 미국에서 온 손님을 맞이하였습니다.

| 832 | **目** め | 눈 | N5 |

最近目が悪くなって、めがねをかけるようになりました。
요즘 눈이 나빠져서 안경을 쓰게 되었습니다.

| 833 | **～目** め | ~째 | N4 |

私は日本旅行が初めてですが、彼は3回目です。
저는 일본여행이 처음입니다만, 그는 3번째입니다.

| 834 | **メートル** | 미터 | N5 |

100メートルを走りました。
100미터를 뛰었습니다.

| 835 | **眼鏡** めがね | 안경 | N5 |

あの黒い眼鏡をかけているのが、私の弟です。
저기 검은 안경을 쓰고 있는 사람이 제 남동생입니다.

| 836 | **森** もり | 숲 → 林はやし 숲(森보다는 나무의 밀집도가 적음) | N5 |

この森には動物がたくさんいます。
이 숲에는 동물이 많이 있습니다.

| 837 | **問題** もんだい | 문제 | N5 |

このテストの問題はとても難しいです。
이 시험 문제는 매우 어렵습니다.

| 838 | **〜屋** や | 〜가게 | N5 |

この駅の中には本屋や果物屋や花屋などがあります。
이 역 안에는 서점이랑 과일가게랑 꽃집 등이 있습니다.

| 839 | **八百屋** やおや | 채소가게 | N5 |

八百屋にはいろいろな野菜があります。
채소가게에는 여러 가지 채소가 있습니다.

| 840 | **約束** やくそく | 약속 | N4 |

田中さんは約束は必ず守る人です。
다나카 씨는 약속은 반드시 지키는 사람입니다.

| 841 | **役に立つ** やくたつ | 도움이 되다, 유용하다 | N4 |

学生時代勉強しておいた中国語が、今大変役に立っています。
학창시절 공부해 놓았던 중국어가, 지금 크게 도움이 되고 있습니다.

| 842 | **優しい** やさ | 상냥하다, 부드럽다, 사람좋다
↔ 厳きびしい 엄하다, 무섭다 → 易やさしい 쉽다 | N4 |

田中先生はとても優しい方ですが、授業は厳しいです。
다나카 선생님은 매우 좋으신 분입니다만, 수업은 엄하십니다.

| 843 | **やっと** | 겨우, 간신히 | N4 |

テストで６１点を取って、やっと合格しました。
시험에서 61점을 받아서 겨우 합격했습니다.

| 844 | **山道**
やまみち | 산길 | 기준외 |

日が沈むと、山道はとても危ないですよ。
해가 지면, 산길은 매우 위험합니다.

| 845 | **止む**
や | (비, 눈, 바람 등이) 그치다, 멎다 | N4 |

昨日からの大雨がやっと止みました。
어제부터 내리던 큰비가 겨우 그쳤습니다.

| 846 | **郵便局**
ゆうびんきょく | 우체국 | N5 |

学校の前の郵便局で手紙を出しました。
학교 앞 우체국에서 편지를 부쳤습니다.

| 847 | **ゆうべ** | 어젯밤 → 夕ゆうべ로 쓰면 '저녁 때'라는 뜻 | N4 |

ゆうべ、この近くで火事がありました。
어젯밤, 이 근처에서 불이 났습니다.

| 848 | **ゆっくり(と)** | 천천히 / 푹 | N5 |

すみませんが、もう少しゆっくり話してください。
죄송합니다만, 좀더 천천히 말씀해 주세요.

昨日は家でゆっくり休みました。
어제는 집에서 푹 쉬었습니다.

| 849 | **夢** (ゆめ) | 꿈 | N5 |

私は毎晩、楽しい夢を見ています。
저는 매일 밤 재미있는 꿈을 꿉니다.

私の将来の夢は医者になることです。
저의 장래의 꿈은 의사가 되는 것입니다.

| 850 | **〜よ** | (상대가 모르는 사실을 말하거나, 자기의 생각을 주장할 때) ~에요 | N5 |

私も明日の会議に出ますよ。
저도 내일 회의에 나갈 거예요.

| 851 | **用意** (ようい) | 준비, 채비 | N4 |

夕食の用意を整えたら、7時になりました。
저녁식사 준비를 끝마쳤더니 7시가 되었습니다.

| 852 | **汚れる** (よごれる) | 더러워지다, 때묻다 / 오염되다 | N4 |

服が汚れていて、洗濯をしました。
옷이 더러워서 빨래를 하였습니다.

工業化で、海や山がすごく汚れています。
공업화로, 바다와 산이 몹시 오염되어 있습니다.

| 853 | **予習** (よしゅう) | 예습 ↔ 復習 ふくしゅう 복습 | N4 |

外国語の勉強は、予習も復習も大切です。
외국어 공부는 예습도 복습도 중요합니다.

| 854 | **予約** (よやく) | 예약 | N4 |

このレストランは、必ず予約が必要です。
이 레스토랑은 반드시 예약이 필요합니다.

| 855 | **寄る** よ | 들르다 / 다가가다 | N4 |

帰りにスーパーへ寄って、パンと牛乳を買いました。
귀갓길에 슈퍼에 들러서 빵과 우유를 샀습니다.

皆さん、もうちょっとこちらへ寄ってください。
여러분, 좀더 이쪽으로 다가서 주세요.

| 856 | **来月** らいげつ | 다음달 ↔ 先月 せんげつ 지난 달 | N5 |

来月休みがとれたら、海へ遊びに行くつもりです。
다음 달에 휴가를 받으면 바다에 놀러 갈 생각입니다.

| 857 | **来年** らいねん | 내년 | N5 |

佐藤さんは来年から、北海道の支店で働きます。
사토 씨는 내년부터 홋카이도 지점에서 일합니다.

| 858 | **立派だ** りっぱ | 훌륭하다, 근사하다 | N4 |

上村さんはまじめな人で、将来は立派な学者になりたいと言っています。
우에무라 씨는 성실한 사람으로, 장래에는 훌륭한 학자가 되고 싶다고 합니다.

| 859 | **両親** りょうしん | 부모님 | N5 |

小池さんはご両親と一緒に、イギリスへ行くことになりました。
고이케 씨는 부모님과 함께 영국에 가게 되었습니다.

| 860 | **旅館** りょかん | 여관 | N4 |

京都と奈良には、有名な旅館がたくさんあります。
교토와 나라에는 유명한 료칸이 많이 있습니다.

861 留守
るす
부재중 N4

昨日先生のお宅へうかがいましたが、先生は留守中でした。

어제 선생님 댁에 찾아갔었는데 선생님은 부재 중이셨습니다.

862 冷蔵庫
れいぞうこ
냉장고 N5

冷蔵庫の中には、果物や飲み物や野菜、肉などがあります。

냉장고 안에는 과일과 음료수와 채소, 고기 등이 있습니다.

863 レストラン
레스토랑 N5

あのレストランの料理はおいしいそうなので、食べに行きたいです。

저 레스토랑 요리는 맛있다고 하니, 먹으러 가고 싶습니다.

864 練習
れんしゅう
연습 N4

毎日1時間ぐらい、英文タイプを練習しています。

매일 1시간 정도 영문 타이핑을 연습하고 있습니다.

865 連絡
れんらく
연락 N4

もし日本へ来るなら、必ず前もって連絡してください。

만약 일본에 온다면 반드시 미리 연락해 주세요.

866 沸く
わく
끓다 N4

お湯が沸いたら、先にめんをいれてあとからスープを入れてください。

물이 끓으면, 먼저 면을 넣고 나중에 스프를 넣어주세요.

867 渡す
わた

(물건을) 건네주다, 전해주다 N4

吉村さんに会ったら、このメモを渡してください。
요시무라 씨를 만나면 이 메모를 전해주세요.

868 渡る
わた

(길, 다리, 강, 바다 등을) 건너다 N4

この鳥は海を渡って、ロシアまで行くそうです。
이 새는 바다를 건너서 러시아까지 간다고 합니다.

869 割れる
わ

깨지다, 갈라지다 / 나뉘어지다 N4

このさら、割れていますね。
이 접시, 깨져 있어요.

意見が割れていて、なかなか会議が終わりません。
의견이 나뉘어져 있어 좀처럼 회의가 끝나지 않습니다.

확인문제 7회

問題 1 밑줄 친 단어를 어떻게 읽는지 보기에서 고르세요.

① 運動したあと、シャワーを<u>浴びます</u>。
　① あそびます　　② よびます
　③ あびます　　　④ とびます

② 明日の会食ですが、時間と<u>場所</u>を知っていますか。
　① ばしょ　　　　② ばじょ
　③ じょうしょ　　④ じょうじょ

問題 2 밑줄 친 단어를 어떻게 쓰는지 보기에서 고르세요.

③ 上村さんはまじめな人で、将来は<u>りっぱな</u>学者になりたいと言っています。
　① 立羽な　　② 立派な　　③ 立葉な　　④ 立波な

④ 現代の<u>いがく</u>はかなり進んでいます。
　① 異学　　② 意学　　③ 医学　　④ 衣学

問題 3 괄호 안에 들어갈 알맞은 말을 고르세요.

⑤ 学生時代勉強しておいた中国語が、今大変(　　　)います。
　① よくして　　　　② たすけて
　③ いただいて　　　④ やくにたって

⑥ テストで61点を取って、(　　　)合格しました。
　① とても　　② やっと　　③ つい　　④ あまりにも

정답 1 ③ 2 ① 3 ② 4 ③ 5 ④ 6 ②

TEST

問題 4 다음 문장과 비슷한 의미의 문장을 고르세요.

⑦ ええ、話はだいたいわかりました。
① ええ、話はほとんどわかりました。
② ええ、話はなによりわかりました。
③ ええ、話はとうていわかりました。
④ ええ、話はすでにわかりました。

⑧ 由美子さんはとてもやさしい人です。それに、きれいです。
① 由美子さんはとてもやさしい人です。しかし、びじんではないです。
② 由美子さんはとてもしんせつな人です。そのうえ、びじんです。
③ 由美子さんはとてもおとなしい人です。そして、かわいいです。
④ 由美子さんはとてもうるさい人です。それでも、しずかです。

問題 5 다음 단어의 쓰임이 가장 올바른 것을 고르세요.

⑨ おっしゃる
① 先生は昨日、なんとおっしゃいましたか。
② みんな講堂におっしゃいました。
③ 先生はおいしいケーキがおっしゃいたいですね。
④ ひるごはんになにをおっしゃいましたか。

⑩ にる
① へやがくらいから、でんきをにてください。
② 今、パソコンをにています。
③ この子はちちおやによくにていますね。
④ あした午前１０時からかいぎをにることになりました。

870 青 (あお)

파랑 → 青あおい 파랗다 **N5**

信号が青になりました。
신호가 파랑이 되었습니다.

871 赤ちゃん (あか)

갓난아기 **N4**

赤ちゃんが生まれて本当にうれしいです。
아기가 태어나서 정말로 기쁩니다.

872 朝御飯 (あさごはん)

아침밥 → 昼御飯ひるごはん 점심밥 / 晩御飯ばんごはん 저녁밥 **N5**

姉は朝ご飯にパンを食べますが、私はご飯を食べます。
누나는 아침밥으로 빵을 먹습니다만, 저는 밥을 먹습니다.

873 アジア

아시아 **N4**

あの歌手はアジアのいろいろな国で、コンサートを開いてきました。
저 가수는 아시아 여러 나라에서 콘서트를 열어 왔습니다.

874 アナウンサー

아나운서 **N4**

石田さんの奥さんは、結婚する前にアナウンサーだったそうです。
이시다 씨의 부인은 결혼하기 전에 아나운서였다고 합니다.

875 あなた

당신 **N5**

あなたはどこから来ましたか。
당신은 어디에서 왔습니까?

| 876 | **アメリカ** | 미국 | N5 |

私はまだアメリカへ行ったことがありません。
저는 아직 미국에 가 본 적이 없습니다.

| 877 | **いす** | 의자 | N5 |

つくえといすを教室に持っていってください。
책상과 의자를 교실에 가져가 주세요.

| 878 | **一番** いちばん | 1번 / 가장, 제일 | N5 |

１番から１０番までは、しなくてもいいです。
1번부터 10번까지는 안 해도 됩니다.

このクラスでは、誰が一番背が高いですか。
이 반에서는 누가 제일 키가 큽니까?

| 879 | **嫌だ** いや | 싫다, 마음에 안 든다 | N5 |

ギターのレッスンが、だんだんいやになりました。
기타 레슨이 점점 싫어졌습니다.

| 880 | **受付** うけつけ | 접수 / 접수처 | N4 |

願書の受付はもうしましたか。
원서 접수는 벌써 했습니까?

病院の受付で、入院の手続きについて聞いてみました。
병원 접수처에서 입원 수속에 대해 물어 보았습니다.

| 881 | **うそ** | 거짓말 ↔ 事実 じじつ 사실 | N4 |

彼はいつもうそばかりついているから、信じないほうがいいですよ。
그는 항상 거짓말만 하기 때문에, 믿지 않는 편이 좋습니다.

◎ うそをつく 거짓말 하다

882 うん
(대답) 응, 그래 ↔ ううん 아니 N4

「私、牛丼にするけど、同じのでいい(?)」
나 소고기덮밥으로 할 건데, 같은 걸로 할래?

「うん。」 응.

883 ええ
네 N5

「田中さんも行きますか。」
다나카 씨도 갑니까?

「ええ、行くそうですね。」
네, 간다고 합니다.

884 鉛筆
えんぴつ

연필 N5

テストは必ず鉛筆で書いてください。
시험은 반드시 연필로 써 주세요.

885 お〜
(접두사) 존경, 겸손, 공손을 의미함 N4

社長、お出かけですか。
사장님, 외출하십니까?

今日は私がお宅までお送りします。
오늘은 제가 댁까지 바래다 드리겠습니다.

私はお酒はあまり好きではありません。
저는 술은 그다지 좋아하지 않습니다.

886 お子さん
こ

(남의 자녀를 높이는 말) 자제분
→ お嬢じょうさん 남의 딸을 높여 부르는 말 N4

橋本さんのお子さんが、今度東京大学に入ったそうです。
하시모토 씨의 자제분이 이번에 도쿄대학에 들어갔다고 합니다.

| 887 | **オートバイ** | 오토바이 | N4 |

オートバイは車より危ないですよ。
오토바이는 자동차보다 위험합니다.

| 888 | **お酒** (さけ) | 술 / 일본술 | N5 |

お酒とタバコはやめた方がいいです。
술과 담배는 끊는 게 좋습니다.

| 889 | **お皿** (さら) | 접시 | N5 |

このお皿はどこで買いましたか。
이 접시는 어디서 샀습니까?

| 890 | **落ちる** (お) | 떨어지다 → 落(お)とす 떨어뜨리다 | N4 |

あの、さいふが落ちていますよ。
저기, 지갑이 떨어져 있어요.

| 891 | **音** (おと) | 소리 | N4 |

さっきから外で変な音がしていますね。
아까부터 바깥에서 이상한 소리가 나네요.

| 892 | **男の子** (おとこ こ) | 남자 아이 ↔ 女(おんな)の子(こ) 여자 아이 | N5 |

このクラスは男の子が女の子より多いです。
이 반은 남자 아이가 여자 아이보다 많습니다.

| 893 | **おなか** | 배 | N5 |

たくさん食べたので、もうおなかいっぱいです。
많이 먹었기 때문에 이제 배가 부릅니다.

| 894 | **お風呂** (ふろ) | 목욕, 욕조 | N5 |

私は家に帰ったら、まずお風呂に入ります。
저는 집에 돌아오면 우선 목욕을 합니다.

◎ お風呂に入る 목욕을 하다

895 お弁当 (べんとう)
도시락 — N5

太郎、お弁当持っていきなさい。
다로야, 도시락 가져가거라.

896 重い (おも)
무겁다 / (정도가) 심하다, (병이) 위중하다, 중병이다 — N4

このテーブルは重くて、一人では運べません。
이 테이블은 무거워서, 혼자서는 옮길 수 없습니다.

責任者になって、肩が重いです。
책임자가 되어, 어깨가 무겁습니다.

山田さんは重い病気で入院しました。
야마다 씨는 중병으로 입원했습니다.

897 女の子 (おんな こ)
여자아이 — N5

うちの３番目の子は女の子ですよ。
우리 집 셋째아이는 여자 아이예요.

898 ～会 (かい)
~회, ~모임 — N4

今晩、同窓会があります。
오늘 저녁 동창회가 있습니다..

899 階段 (かいだん)
계단 — N5

エレベーターが壊れていて、階段で１０階までのぼりました。
엘리베이터가 고장나서, 계단으로 10층까지 올라갔습니다.

900 鍵 (かぎ)
열쇠 — N5

この鍵、このドアに合わないですが…
이 열쇠, 이 문에 안 맞습니다만……

| 901 | **〜か月** (げつ) | 〜개월 ＝ ヶ月 かげつ | N5 |

韓国語の勉強を始めて、5か月目です。
한국어 공부를 시작한 지 5개월째입니다.

| 902 | **片仮名** (かたかな) | 가타카나 | N5 |

私には片仮名よりも、平仮名の方が難しいです。
저에게는 가타카나보다도 히라가나가 어렵습니다.

| 903 | **片付ける** (かたづける) | 정리하다, 치우다 | N4 |

由美ちゃん、自分の部屋ぐらい自分で片付けなさい。
유미야, 자기 방 정도는 직접 정리하거라.

| 904 | **角** (かど) | 모퉁이 | N5 |

この道の3番目の角を左に曲がってください。
이 길의 3번째 모퉁이를 왼쪽으로 꺾어 주세요.

| 905 | **花瓶** (かびん) | 꽃병 | N5 |

テーブルの上にきれいな花瓶が置いてあります。
테이블 위에 예쁜 꽃병이 놓여 있습니다.

| 906 | **壁** (かべ) | 벽 | N4 |

壁にカレンダーがかけてあります。
벽에 달력이 걸려 있습니다.

| 907 | **かむ** | 물다 / 씹다 | N4 |

金子さんは犬に手をかまれて、病院に行きました。
가네코 씨는 개에게 손을 물려서 병원에 갔습니다.

みなさん、食べ物はよくかんでくださいね。
여러분, 음식은 꼭꼭 씹어 주세요.

| 908 | **彼** かれ | ユ/그이, 남친 ↔ **彼女** かのじょ 그녀/여친 | N5 |

私は彼のようなおとなしい人が好きです。
저는 그와 같은 점잖은 사람을 좋아합니다.

由美子さんは彼と一緒に沖縄旅行に行きました。
유미코 씨는 남친과 함께 오키나와 여행을 갔습니다.

| 909 | **かわいい** | 귀엽다 | N5 |

あの犬、本当にかわいいですね。
저 개, 정말로 귀엽군요.

| 910 | **〜月** がつ | 〜월 | N5 |

今月は5月で、来月は6月です。
이번 달은 5월이고 다음 달은 6월입니다.

| 911 | **黄色** きいろ | 노랑, 노란색 | N5 |

子供の服だから赤ではなく、黄色がいいですが…
아이 옷이니까 빨간색 말고 노란색이 좋겠습니다만……

| 912 | **黄色い** きいろ | 노랗다 | N5 |

やはりこのシャツには黄色いネクタイがいいと思います。
역시 이 셔츠에는 노란색 넥타이가 좋을 것 같습니다.

| 913 | **聞こえる** き | 들리다 | N4 |

もしもし、聞こえますか。
여보세요, 들리세요?

| 914 | **きっと** | 꼭, 틀림없이 | N4 |

彼はまじめだから、体の調子がよくなくてもきっと学校へ来るでしょう。

그는 성실하니까 몸 상태가 좋지 않더라도 틀림없이 학교에 오겠지요.

| 915 | **切符** (きっぷ) | 표, 티켓 | N5 |

電車に乗る前に、まず切符を買わなければなりません。

전철을 타기 전에 먼저 표를 사지 않으면 안됩니다.

| 916 | **興味** (きょうみ) | 흥미 | N4 |

彼は勉強より、遊ぶことに興味があるようです。

그는 공부보다 노는 것에 흥미가 있는 것 같습니다.

| 917 | **牛乳** (ぎゅうにゅう) | 우유 | N5 |

私は子供の時、毎朝牛乳一杯を飲みました。

저는 어렸을 때, 매일 아침 우유 한 잔을 마셨습니다.

| 918 | **曇る** (くも) | 흐리다 ↔ 晴(は)れる 개다, 맑다 | N5 |

空が曇っていて、雨が降りそうです。

하늘이 흐려있어서 비가 내릴 것 같습니다.

| 919 | **クラス** | 반/수업 | N5 |

うちのクラスでは、パク君が一番背が高いです。

우리 반에서는 박 군이 키가 가장 큽니다.

| 920 | **～君** (くん) | ~군 | N4 |

田村君、もっと勉強がんばってね。

다무라 군, 공부 더 열심히 해야 해.

| 921 | **具合** (ぐあい) | 상태, 형편 | N4 |

今日は体の具合がよくないので、学校を休みました。
오늘은 몸 상태가 좋지 않아서 학교를 쉬었습니다.

| 922 | **ケーキ** | 케이크 | N5 |

甘いケーキが食べたいです。
달콤한 케이크를 먹고 싶습니다.

| 923 | **怪我** (けが) | 부상, 상처 | N4 |

交通事故で怪我をした人が病院に運ばれました。
교통사고로 다친 사람이 병원에 옮겨졌습니다.

◎ 怪我をする 다치다, 부상입다

| 924 | **今朝** (けさ) | 오늘 아침 | N5 |

今朝から歯が痛くて、何も食べられませんでした。
오늘 아침부터 이가 아파서 아무것도 먹지 못했습니다

| 925 | **〜けれど(けれども)** | ~이지만, ~하지만 | N4 |

彼は「絶対行く」と言っているけれど、本当に行くかどうかわかりません。
그는 '반드시 간다'고 말하고 있지만, 진짜 갈지 어떨지 알 수 없습니다.

| 926 | **交番** (こうばん) | 파출소 | N4 |

あの駅の中に交番があります。
저 역 안에 파출소가 있습니다.

| 927 | **コート** | 코트 | N5 |

今日は寒いので、コートを着て会社へ行きました。
오늘은 추워서 코트를 입고 회사에 갔습니다.

| 928 | **ごちそう** | 맛있는 음식, 진수성찬 | N4 |

社長の誕生パーティーに行ったら、すごいごちそうが出ていました。
사장님 생일 파티에 갔더니 엄청난 진수성찬이 차려져 있었습니다.

ごちそう様でした。
잘 먹었습니다.

| 929 | **こっち** | 이쪽 → そっち 그쪽/あっち 저쪽 | N5 |

こっちの料理も食べてみて。
이쪽 요리도 먹어봐.

| 930 | **コップ** | (손잡이가 없는) 컵 | N5 |

テーブルの上に、コップと皿が並べてあります。
테이블 위에 컵과 접시가 나란히 놓여있습니다.

| 931 | **壊す** こわ | 부수다, 망가뜨리다, 고장내다 | N4 |

次郎はテレビを壊して、母に叱られました。
지로는 텔레비전을 고장내서 엄마한테 혼났습니다.

| 932 | **壊れる** こわ | 부서지다, 망가지다, 고장나다 | N4 |

自転車が壊れても、お金がなくて修理できません。
자전거가 망가졌어도, 돈이 없어서 수리 못합니다.

| 933 | **こんな** | 이런 → そんな 그런/あんな 저런 | N5 |

こんな服はどうですか。
이런 옷은 어떻습니까?

| 934 | **今晩** こんばん | 오늘 저녁 | N5 |

今晩みんなで飲みに行きますが、一緒にどうですか。
오늘 저녁 다 같이 한잔하러 갑니다만, 함께 가실래요?

| 935 | **コンピューター** | 컴퓨터 → パソコン | N4 |

最近はコンピューターがなければ、仕事もできません。
요즘은 컴퓨터가 없으면 일도 할 수 없습니다.

| 936 | **御〜** (ご) | (접두사) 존경, 겸손, 공손을 의미함 | N4 |

ご夫婦ですか。
부부이십니까?

今日は私がご案内いたします。
오늘은 제가 안내해 드리겠습니다.

この食堂のご飯はおいしいですね。
이 식당 밥은 맛있군요.

| 937 | **〜語** (ご) | 〜어 | N5 |

私は大学で、韓国語と中国語を勉強しました。
저는 대학에서 한국어와 중국어를 공부했습니다.

| 938 | **〜歳** (さい) | 〜세, 〜살 | N5 |

あのおじいさんは今年７６歳です。
저 할아버지는 올해 76세이십니다.

| 939 | **財布** (さいふ) | 지갑 | N5 |

ハンドバッグの中に財布が入っています。
핸드백 속에 지갑이 들어 있습니다.

| 940 | **探す** (さが) | 찾다 | N4 |

犬がいなくなったので、あちこち探してみました。
개가 없어져서 여기저기 찾아보았습니다.

| 941 | **咲く**
さ | 피다 | N5 |

春になるとこの庭には、いろいろな花が咲きます。
봄이 되면 이 정원에는 다양한 꽃이 핍니다.

| 942 | **さっき** | 아까, 조금 전 | N5 |

さっき空港に着きました。
조금 전 공항에 도착했습니다.

| 943 | **砂糖**
さ とう | 설탕 | N4 |

健康のため、砂糖はあまり食べない方がいいです。
건강을 위해, 설탕은 그다지 먹지 않는 편이 좋습니다.

| 944 | **～様**
さま | (인명이나 인칭명사 등에 접속하여) ~님 / (**おかげ** 등에 접속하여) 상대에게 공손하게 표현함 | N5 |

お客様が来られました。
손님이 오셨습니다.

お父様はお元気ですか。
아버님은 안녕하십니까?

ヨン様を見に韓国へ行きます。
욘사마를 보러 한국에 갑니다.

おかげさまで私は元気です。
덕분에 저는 잘 있습니다.

今日もお疲れさまでした。
오늘도 수고하셨습니다.

| 945 | **騒ぐ**
さわ | 떠들다, 소란피우다 | N4 |

電車の中で騒いではだめですよ。
전철 안에서 떠들면 안 돼요.

946 ~さん　　~씨　　N5

佐藤さん、お電話ですよ。
사토 씨, 전화왔어요.

947 塩 (しお)　　소금　　N4

日本人は塩より、しょうゆをよく使います。
일본인은 소금보다 간장을 즐겨 사용합니다.

948 しかし　　그러나　　N5

彼は一生懸命に勉強しました。しかし、テストに落ちてしまいました。
그는 열심히 공부했습니다. 그러나, 시험에 떨어지고 말았습니다.

949 ~式 (しき)　　~식　　N4

明日は娘の卒業式です。
내일은 딸의 졸업식입니다.

950 支度 (したく)　　준비, 채비 → 準備 じゅんび・用意 ようい 준비　　N4

夕食の支度はもう終わりました。
저녁식사 준비는 이미 끝났습니다.

鈴木さん、出かけるから早く支度してください。
스즈키 씨, 나갈 거니까 빨리 채비해 주세요.

★支度와 準備・用意의 차이

支度(したく) - 예정된 일을 실행하는 데 필요한 것을 갖추는 것.
　・食事の支度 식사 준비　　パーティーの支度 파티 준비

準備(じゅんび) - 필요한 것을 갖추는 것 뿐 아니라, 그를 위한 다른 사항도 포함하여, 보다 종합적이라고 할 수 있다.
　・大会の準備 대회 준비

用意(ようい) - 필요한 것을 미리 갖추어 놓는 것에 중점을 둔다.
　・当日はお弁当をご用意ください。 당일은 도시락을 준비해 주세요.

| 951 | **締める** (し) | (끈 등으로) 매다 | N5 |

課長はいつもすばらしいネクタイをしめていますね。

과장님은 언제나 멋진 넥타이를 매고 있습니다.

| 952 | **しょうゆ** | 간장 | N5 |

これはしょうゆにつけて食べるとおいしいですよ。

이것은 간장에 찍어 먹으면 맛있어요.

| 953 | **知らせる** (し) | 알리다 | N4 |

それでは明日のスケジュールについてお知らせします。

그럼 내일 스케줄에 대해 알려드리겠습니다.

| 954 | **字** (じ) | 글자, 글씨 | N4 |

太郎君の字はあまりにも汚くて、読みにくいです。

다로 군의 글씨는 너무 지저분해서 읽기 어렵습니다.

| 955 | **事故** (じこ) | 사고 | N4 |

今日は雨が降っていて、車の事故が多いようです。

오늘은 비가 오고 있어, 자동차 사고가 많은 것 같습니다.

| 956 | **自動車** (じどうしゃ) | 자동차 | N5 |

私は自動車でドライブするのが好きです。

저는 자동차로 드라이브하는 것을 좋아합니다.

| 957 | **事務所** (じむしょ) | 사무소 | N4 |

もし何かあったら、まず事務所に連絡してください。

만약 무슨 일이 생기면, 먼저 사무소에 연락해 주세요.

| 958 | **じゃ/じゃあ** | 「では」의 회화체 : 그럼, 그렇다면 | N5 |

もう1時ですね。じゃ、仕事を始めましょう。
벌써 1시군요. 그럼, 일을 시작합시다.

| 959 | **〜じゃない** | 「ではない」의 회화체 : 〜이 아니다, 〜이지 않다 | N5 |

私の誕生日は3月じゃないですよ。
제 생일은 3월이 아닙니다.

| 960 | **すごい** | 대단하다, 굉장하다 | N4 |

私は野球がすごく好きで、特に巨人の大ファンですよ。
저는 야구를 굉장히 좋아하는데, 특히 교진의 열성팬입니다.

| 961 | **ずいぶん** | 꽤, 상당히 | N4 |

ずいぶん前から、事務室内は禁煙になっています。
꽤 이전부터 사무실 안은 금연으로 되어 있습니다.

| 962 | **空く** | (속이) 비다 | N4 |

昼ごろの電車はいつも空いています。
정오 무렵의 전철은 항상 비어 있습니다.

おなかが空いていては、仕事もできません。
배가 고프면 일도 할 수 없습니다.

◎ おなかが空く 배가 고프다

| 963 | **スプーン** | 스푼, 숟가락 | N5 |

カレーを食べるときには、スプーンが便利です。
카레를 먹을 때는 스푼이 편리합니다.

| 964 | **生徒** (せいと) | 생도, 학생(대학생에는 사용하지 않음) | N5 |

教室で生徒たちが勉強しています。
교실에서 학생들이 공부하고 있습니다.

| 965 | **セーター** | 스웨터 | N5 |

友達の誕生日にセーターをあげました。
친구 생일에 스웨터를 주었습니다.

| 966 | **背広** (せびろ) | (남성용) 양복 | N5 |

あの背広を着ている人はだれですか。
저기 양복을 입고 있는 사람은 누구입니까?

| 967 | **全然** (ぜんぜん) | 전혀 | N4 |

話が難しすぎて、全然わかりません。
이야기가 너무 어려워서 전혀 모르겠습니다.

| 968 | **育てる** (そだ) | 키우다, 기르다 | N4 |

女一人で子供を育てるのは、大変なことです。
여자 혼자서 아이를 키우는 것은 힘든 일입니다.

| 969 | **卒業** (そつぎょう) | 졸업 | N4 |

大学を卒業してもう１０年になります。
대학을 졸업한 지 벌써 10년이 됩니다.

| 970 | **そば** | 옆, 곁 | N5 |

猫はこたつのそばで寝ています。
고양이는 고타츠 옆에서 자고 있습니다.

| 971 | **それ** | 그것 → これ 이것 / あれ 저것 | N5 |

それよりこの鉛筆が長いです。
그것보다 이 연필이 길어요.

| 972 | **それで** | 그래서 | N4 |

財布を忘れてきました。それで友達にお金を借りました。

지갑을 안 가지고 왔습니다. 그래서 친구에게 돈을 빌렸습니다.

| 973 | **そんな** | 그런 → こんな 이런/あんな 저런 | N4 |

上杉さんですか。そんな人は知りませんよ。

우에스기 씨요? 그런 사람은 모릅니다.

| 974 | **そんなに** | 그렇게 → こんなに 이렇게/あんなに 저렇게 | N4 |

昨日のパーティーに来た人は、そんなに多くありませんでした。

어제 파티에 온 사람은 그렇게 많지 않았습니다.

| 975 | **〜たち** | 〜들 → 〜ら | N5 |

公園で子供たちが遊んでいます。

공원에서 아이들이 놀고 있습니다.

| 976 | **煙草** (たばこ) | 담배 | N5 |

私は煙草は吸いません。

저는 담배는 피우지 않습니다.

| 977 | **たまご** | 계란 | N5 |

朝ごはんに、パンとたまご焼きを食べました。

아침밥으로, 빵과 계란부침을 먹었습니다.

| 978 | **〜だけ** | 〜만, 〜뿐 | N5 |

このことは二人だけで話したいです。

이 일은 둘이서만 이야기하고 싶습니다.

| 979 | **~ちゃん** | (さん 대신 이름 뒤에 붙어) 친근하게 상대를 부르는 표현 | N4 |

由紀ちゃん、もう7時だよ。早く起きなさい。
유키짱, 벌써 7시다. 어서 일어나거라.

| 980 | **注射** (ちゅうしゃ) | 주사 | N4 |

大人でも子供でも、注射はきらいでしょう。
어른이든 어린이든, 주사는 싫겠지요.

| 981 | **長男** (ちょうなん) | 장남 | N4 |

うちの長男は来年中学校に入ります。
우리 큰아들은 내년에 중학교에 들어갑니다.

| 982 | **ちょっと** | 조금, 약간 | N5 |

この料理はちょっと辛いですね。
이 요리는 좀 맵군요.

| 983 | **~(に)ついて** | ~에 대해 | N4 |

日本の経済について勉強しています。
일본의 경제에 대해서 공부하고 있습니다.

| 984 | **次** (つぎ) | 다음 | N4 |

私は次の駅で降ります。
저는 다음 역에서 내립니다.

| 985 | **机** (つくえ) | 책상 | N5 |

机の上に本とノートがあります。
책상 위에 책과 공책이 있습니다.

| 986 | **釣る** (つ) | 낚다, 낚시하다 | N4 |

川で魚を釣りました。
강에서 물고기를 낚았습니다.

987 テープ
테이프   N5

このテープを使ってください。
이 테이프를 사용해 주세요.

988 手伝う (てつだう)
도와주다, 거들다   N4

この仕事が終わったら、鈴木さんを手伝ってあげましょう。
이 일이 끝나면 스즈키 씨를 도와줍시다.

989 寺 (てら)
절   N4

京都と奈良には、有名で古いお寺と神社がたくさんあります。
교토와 나라에는, 유명하고 오래된 절과 신사가 많이 있습니다.

990 テレビ
텔레비전   N5

晩ご飯の後、みんなでテレビを見ています。
저녁 식사 후, 다 같이 텔레비전을 보고 있습니다.

991 点 (てん)
점, 점수   N4

こんな点では、合格は難しいですね。
이런 점수로는 합격은 어렵겠군요.

992 天気予報 (てんきよほう)
일기예보   N4

今朝の天気予報によると、午後から雨だそうです。
오늘 아침 일기예보에 의하면, 오후부터 비가 온다고 합니다.

993 では
그럼, 그렇다면 = じゃ(회화체)   N5

では、私から読んでみます。
그럼, 저부터 읽어 보겠습니다.

| 994 | **〜ではない** | 〜이/가 아니다 | N5 |

昨日欠席したのは、私ではないですよ。
어제 결석한 것은 제가 아닙니다.

| 995 | **隣**
となり | 옆, 이웃 | N5 |

隣の人がりんごをくれました。
이웃집 사람이 사과를 주었습니다.

| 996 | **〜度**
ど | 〜도〈온도〉/ 〜번〈횟수〉 | N5 |

今日は37度で、とても暑いです。
오늘은 37도로, 매우 덥습니다.

私は一度もスイスへ行ったことがありません。
저는 한 번도 스위스에 가 본 적이 없습니다.

| 997 | **どうも** | 정말, 대단히 | N5 |

先日はどうもすみませんでした。
일전에는 정말 죄송했습니다.

★ どうも의 축약 표현
どうも(すみません)。 정말 미안합니다.
どうも(ありがとう)。 정말 고맙습니다.
どうも(失礼しました)。 정말 실례했습니다.

| 998 | **なかなか** | 꽤, 상당히 / (부정문 수반) 좀처럼, 여간해서 | N4 |

金さん、なかなか日本語が上手ですね。
김 씨, 일본어를 꽤 잘하시네요.

がんばって勉強していますが、なかなか英語が上手になりません。
열심히 공부하고 있습니다만, 좀처럼 영어가 늘지 않습니다.

| 999 | **泣く** な | 울다 | N4 |

妹は父にしかられて、泣いてしまいました。
여동생은 아버지한테 혼나서, 울고 말았습니다.

| 1000 | **亡くなる** な | 돌아가시다(死ぬ의 완곡한 표현) | N4 |

高校時代の先生が、亡くなったそうです。
고교시절 선생님이 돌아가셨다고 합니다.

| 1001 | **なぜ** | 왜 = なんで | N4 |

彼がなぜそんなことを言ったのか、私はぜんぜんわかりません。
그가 왜 그런 말을 했는지, 저는 전혀 모르겠습니다.

その話を聞いて、私はなぜか悲しかったです。
그 이야기를 듣고, 저는 왠지 슬펐습니다.

| 1002 | **夏休み** なつやす | 여름 방학 / 여름휴가 → 冬休 ふゆやすみ 겨울 방학 | N5 |

夏休みになると、子供たちはみんなうれしそうでした。
여름 방학이 되자 아이들은 모두 기쁜듯 했습니다.

| 1003 | **鳴る** な | (벨, 종, 자명종 등이) 울리다 | N4 |

電話が鳴っていますね。誰か出てください。
전화가 울리고 있네요. 누가 좀 받아 주세요.

| 1004 | **におい** | 냄새 | N4 |

台所に入ると、いいにおいがしました。
부엌에 들어갔더니 좋은 냄새가 났습니다.

| 1005 | **肉** にく | 고기 | N5 |

父は肉が大好きで、毎日食べています。
아버지는 고기를 아주 좋아해서 매일 먹고 있습니다.

| 1006 | **ニュース** | 뉴스, 소식 | N5 |

テレビのニュースで、そのことを聞きました。
텔레비전 뉴스에서 그 소식을 들었습니다.

| 1007 | **人形** にんぎょう | 인형 | N4 |

うちの娘は人形が大好きで、机とベッドの上には人形がたくさん並べてあります。
우리 딸은 인형을 아주 좋아해서, 책상과 침대 위에는 인형이 많이 놓여져 있습니다.

| 1008 | **盗む** ぬす | 훔치다 | N4 |

外国でパスポートを盗まれて、困りました。
외국에서 여권을 도둑맞아 애먹었습니다.

| 1009 | **猫** ねこ | 고양이 | N5 |

黒い猫が一匹います。
검은 고양이가 한 마리 있습니다.

| 1010 | **値段** ねだん | 값 | N5 |

あのレストランは値段は高いですが、おいしくありません。
저 레스토랑은 값은 비싸지만 맛있지 않습니다.

| 1011 | **ノート** | 공책 | N5 |

新しい本とノートに名前を書きました。
새 책과 공책에 이름을 썼습니다.

| 1012 | **歯** (は) | 이 | N5 |

私はご飯を食べた後は、いつも歯を磨きます。
저는 밥을 먹은 후에는 언제나 이를 닦습니다.

| 1013 | **葉** (は) | 잎 | N5 |

秋になると、庭の木の葉が黄色くなりました。
가을이 되자 정원의 나뭇잎이 노랗게 되었습니다.

| 1014 | **葉書** (はがき) | 엽서 | N5 |

アメリカへ行った友達から、葉書が来ました。
미국에 간 친구로부터 엽서가 왔습니다.

| 1015 | **箱** (はこ) | 상자 | N5 |

この箱の中には何が入っていますか。
이 상자 안에는 무엇이 들어 있습니까?

| 1016 | **箸** (はし) | 젓가락 | N5 |

日本人は箸を使ってご飯を食べます。
일본인은 젓가락을 사용하여 밥을 먹습니다.

| 1017 | **二十歳** (はたち) | 스무살 | N5 |

うちの娘は今年二十歳になりました。
우리 딸은 올해 스무살이 되었습니다.

| 1018 | **〜ばかり** | 〜만, 〜뿐 | N4 |

彼(かれ)は毎日(まいにち)お酒(さけ)ばかり飲(の)んでいます。
그는 매일 술만 마시고 있습니다.

弟(おとうと)は毎日(まいにち)遊(あそ)んでばかりいます。
남동생은 매일 놀고만 있습니다.

◎〜てばかりいる 〜만 하고 있다

★ だけ와 ばかり의 차이
だけ는 선택의 여지가 없이 '그것만'이란 의미이며 ばかり는 다른 선택의 여지가 있음에도 '그것만'이란 의미.
- 残っているのは、たまごだけです。 남아 있는 것은 달걀뿐입니다.
- 彼は、たまごばかり食べています。 그는 달걀만 먹고 있습니다.

| 1019 | **バター** | 버터 | N5 |

パンにバターをつけて食(た)べるのが好きです。
빵에 버터 발라먹는 것을 좋아합니다.

| 1020 | **パン** | 빵 | N5 |

パンもいいですが、やはり私(わたし)はご飯(はん)の方(ほう)がいいです。
빵도 좋습니다만, 역시 저는 밥이 더 좋습니다.

| 1021 | **番号(ばんごう)** | 번호 | N5 |

田中(たなか)さん、ここに学生番号(がくせいばんごう)を書(か)いてください。
다나카 씨, 여기에 학생번호를 써주세요.

| 1022 | **晩御飯(ばんごはん)** | 저녁밥 | N5 |

今日(きょう)の晩御飯(ばんごはん)はすき焼(や)きにしましょう。
오늘 저녁은 스키야키로 합시다.

| 1023 | **ピアノ** | 피아노 | N5 |

私(わたし)はピアノもギターも弾(ひ)けます。
저는 피아노도 기타도 칠 수 있습니다.

| 1024 | **封筒** ふうとう | 봉투 | N5 |

封筒の中に入っている紙を出しました。
봉투 안에 들어 있는 종이를 꺼냈습니다.

| 1025 | **フォーク** | 포크 | N5 |

日本人はフォークより箸をよく使います。
일본인은 포크보다 젓가락을 잘 사용합니다.

| 1026 | **普通** ふつう | 보통 | N4 |

私は普通は9時ごろに起きますが、今日は予定が入っていて6時に起きました。
저는 보통은 9시쯤에 일어납니다만, 오늘은 예정이 있어서 6시에 일어났습니다.

| 1027 | **船** ふね | 배 | N4 |

船に乗って、沖縄へ行きました。
배를 타고 오키나와에 갔습니다.

| 1028 | **踏む** ふ | 밟다 | N4 |

電車の中で、隣の人に足を踏まれてしまいました。
전철 안에서 옆사람에게 발을 밟히고 말았습니다.

| 1029 | **降る** ふ | (비, 눈이) 오다, 내리다 | N5 |

今日は雪も降って、とても寒い日です。
오늘은 눈도 오고, 매우 추운 날입니다.

| 1030 | **ベル** | 벨, 종 | N4 |

ベルが鳴ったら、みんな教室の外に出て行きました。
벨이 울리자 모두 교실 밖으로 나갔습니다.

| 1031 | **辺** へん | 근처, 근방, 주변 | N4 |

この辺は交通が便利で、家賃が高いですよ。
이 근처는 교통이 편리해서 집세가 비쌉니다.

| 1032 | **変だ** へん | 이상하다 | N4 |

さっきから車から変な音がしますが、大丈夫ですか。
아까부터 차에서 이상한 소리가 나던데, 괜찮으십니까?

| 1033 | **ペン** | 펜 | N5 |

私はいつもペンで書いています。
저는 항상 펜으로 쓰고 있습니다.

| 1034 | **ホテル** | 호텔 | N5 |

この近くにはビジネスホテルがたくさんあります。
이 근처에는 비즈니스 호텔이 많이 있습니다.

| 1035 | **本棚** ほんだな | 책장 | N5 |

事務室で使う新しい本棚を買いました。
사무실에서 사용할 새 책장을 샀습니다.

| 1036 | **ボタン** | 단추, 버튼 | N5 |

上着のボタンがとれています。
상의 단추가 떨어져 있습니다.

このボタンを押すと、電気がつきます。
이 단추를 누르면 전기가 켜집니다.

| 1037 | **毎年** まいとし | 매년 | N5 |

うちの社長は、毎年夏休みに海外旅行に行っています。
우리 사장은 매년 여름휴가 때 해외여행을 가고 있습니다.

| 1038 | **毎晩** まいばん | 매일 밤 | N5 |

来週試験があるので、毎晩遅くまで勉強しています。
다음주에 시험이 있어서, 매일 밤 늦게까지 공부하고 있습니다.

| 1039 | **まず** | 우선, 먼저 | N4 |

外から帰ってきたら、まず手を洗って、うがいもしてください。
밖에서 돌아오면, 먼저 손을 씻고 양치질도 해 주세요.

| 1040 | **また** | 또, 다시 | N5 |

今度のソウル旅行は本当に楽しかったです。またソウルへ行きたいです。
이번 서울여행은 정말 즐거웠습니다. 또 서울에 가고 싶습니다.

| 1041 | **窓** まど | 창, 창문 | N5 |

この部屋には大きい窓が三つもあって、とても明るいです。
이 방에는 큰 창문이 3개나 있어 아주 밝습니다.

| 1042 | **丸い/円い** まる　まる | 둥글다 | N5 |

私はあの大きくて丸いテーブルがほしいです。
저는 저 크고 둥근 테이블을 갖고 싶습니다.

| 1043 | **周り** まわ | 주위, 주변 | N4 |

これからのことについて、周りのみんなとよく相談してから決めます。
앞으로의 일에 대해서, 주위 사람 모두와 잘 상담하고나서 결정하겠습니다.

| 1044 | 万 (まん) | 만 | N5 |

このパソコンは１０万円です。
이 컴퓨터는 10만 엔입니다.

| 1045 | 漫画 (まんが) | 만화 | N4 |

日本では電車の中で、漫画を見ている人が多いです。
일본에서는 전철 안에서 만화를 보고 있는 사람이 많습니다.

| 1046 | 真ん中 (まなか) | 한가운데 | N4 |

テーブルの真ん中に花瓶を置きました。
테이블 한가운데에 꽃병을 놓았습니다.

| 1047 | 万年筆 (まんねんひつ) | 만년필 | N5 |

父はボールペンは使わないで、万年筆を使います。
아버지는 볼펜은 사용하지 않고 만년필을 사용합니다.

| 1048 | 湖 (みずうみ) | 호수 | N4 |

この町には、きれいな湖や池などがあります。
이 마을에는 예쁜 호수와 연못 등이 있습니다.

| 1049 | みんな | 모두 | N5 |

みんな準備はいいですか。
모두 준비되었습니까?

| 1050 | 昔 (むかし) | 옛날 | N4 |

昔、昔、ある町にとてもやさしい女の子が住んでいました。
옛날, 옛날, 어느 마을에 아주 착한 여자 아이가 살고 있었습니다.

| 1051 | **向こう** (む) | 맞은편, 건너편 | N4 |

向こうに見えるのが、ＡＢＣ銀行ですよ。
맞은편에 보이는 것이 ABC은행입니다.

| 1052 | **息子** (むすこ) | 아들 ↔ 娘 むすめ 딸 | N4 |

うちには、息子が一人、娘が二人います。
우리 집에는 아들이 한 명, 딸이 두 명 있습니다.

| 1053 | **もし** | 만약, 혹시 | N4 |

もし雨が降ったら、遠足はどうなりますか。
만약 비가 오면 소풍은 어떻게 됩니까?

| 1054 | **もしもし** | 여보세요 | N5 |

もしもし、田中課長お願いします。
여보세요, 다나카 과장님 부탁합니다.

| 1055 | **やはり/やっぱり** | 역시 | N4 |

やっぱり夏は冷たいビールが一番いいですね。
역시 여름에는 시원한 맥주가 제일 좋군요.

| 1056 | **やる** | 하다 | N5 |

私も毎週日曜日には、ゴルフをやっています。
저도 매주 일요일에는 골프를 치고 있습니다.

| 1057 | **やる** | (내가 남에게/남이 남에게) 주다(주로 아랫사람에게 줄 때) | N5 |

うちの犬のえさは、弟がやっています。
우리 집 개 먹이는, 남동생이 주고 있습니다.

| 1058 | 雪 ゆき | 눈 | N5 |

今年の冬は雪があまり降りませんでした。
올 겨울은 눈이 그다지 오지 않았습니다.

| 1059 | 横 よこ | 옆 | N5 |

テレビの横にピアノがあります。
텔레비전 옆에 피아노가 있습니다.

| 1060 | 呼ぶ よ | 부르다, 호출하다 | N4 |

先生が学生たちの名前を呼んでいます。
선생님이 학생들의 이름을 부르고 있습니다.

高田さんは社長に呼ばれて、社長室に行きました。
다카다 씨는 사장님에게 호출받고 사장실에 갔습니다.

| 1061 | (〜に)よると | 따르면, 의하면 | N4 |

この本によると、昔この辺は川だったそうです。
이 책에 의하면, 옛날 이 근방은 강이었다고 합니다.

| 1062 | 喜ぶ よろこ | 기뻐하다, 즐거워하다 | N4 |

うちの子が生まれたとき、家族や友達、みんな喜んでくれました。
우리 아이가 태어났을 때, 가족과 친구 모두 기뻐해 주었습니다.

| 1063 | 弱い よわ | 약하다 ↔ 強つよい 강하다 | N4 |

おばあさんは年を取って、体が弱くなりました。
할머니는 나이가 들어 몸이 약해졌습니다.

1064 理由
りゆう

이유　　　　　　　　　　　　　　　　N4

先生は太郎君に、昨日学校を休んだ理由を聞きました。

선생님은 다로 군에게, 어제 학교에 결석한 이유를 물었습니다.

1065 忘れ物
わす　もの

깜빡 물건을 두고 옴, 또는 그 물건　　　　　　N4

駅の近くまで来て、忘れ物に気づいて、家に戻りました。

역 근처까지 와서 두고 온 물건이 있는 걸 깨닫고 집에 돌아갔습니다.

확인문제 8회

問題 1 밑줄 친 단어를 어떻게 읽는지 보기에서 고르세요.

1. 願書の<u>受付</u>はもうしましたか。 880
   ① うきつく   ② うきつけ   ③ うけつく   ④ うけつけ

2. この仕事が終わったら、鈴木さんを<u>手伝って</u>あげましょう。 988
   ① てつたって   ② てつだって
   ③ しゅつたって   ④ しゅつだって

問題 2 밑줄 친 단어를 어떻게 쓰는지 보기에서 고르세요.

3. 女一人で子供を<u>そだてる</u>のは、大変なことです。 968
   ① 建てる   ② 交てる   ③ 育てる   ④ 鳴てる

4. 私は<u>ふつう</u>は9時ごろに起きますが、今日は予定が入っていて6時に起きました。 1026
   ① 不通   ② 不痛   ③ 普通   ④ 普痛

問題 3 괄호 안에 들어갈 알맞은 말을 고르세요.

5. 次郎はテレビを(   )、母に叱られました。 931
   ① こわして   ② なおして   ③ ながして   ④ ゆるして

6. 由美ちゃん、自分の部屋ぐらい自分で(   )。 903
   ① うごきなさい   ② たてなさい
   ③ ならいなさい   ④ かたづけなさい

정답 1 ④ 2 ② 3 ③ 4 ③ 5 ① 6 ④

TEST

問題 4 다음 문장과 비슷한 의미의 문장을 고르세요.

7 夕食のしたくはもうおわりました。

① 夕食のそうじはもうしました。
② 夕食のじゅんびはもうできました。
③ 夕食のせんたくはもうやりました。
④ 夕食のしごとはもうおこないました。

8 あの駅の中にこうばんがあります。

① あの駅の中にばいてんがあります。
② あの駅の中にきしゃがあります
③ あの駅の中にけいさつがいます。
④ あの駅の中にえきいんがいます。

問題 5 다음 단어의 쓰임이 가장 올바른 것을 고르세요.

9 ばかり

① 田中さんは吉田さんばかり背がたかいです。
② 全部もっていって、のこっているのはこればかりです。
③ テレビを買うばかり、やはりこの店が安いですよ。
④ 彼は毎日お酒ばかり飲んでいます。

10 ぐあい

① ぐあいがある人は、授業のあとで聞いてください。
② 今日は体のぐあいがよくないので、学校をやすみました。
③ 長いあいだ、ぐあいになりました。
④ 部屋のぐあいにかばんがおいてあります。

* 가족 관련 단어

	나의 가족을 부를 때	가족을 남에게 말할 때	남의 가족을 말할 때
할아버지	おじいさん	祖父(そふ)	おじいさん
할머니	おばあさん	祖母(そぼ)	おばあさん
아버지	お父(とう)さん	父(ちち)	お父(とう)さん
어머니	お母(かあ)さん	母(はは)	お母(かあ)さん
부모님	-	両親(りょうしん)	ご両親(りょうしん)
부모의 남자 형제	おじさん	おじ	おじさん
부모의 여자 형제	おばさん	おば	おばさん
오빠·형	お兄(にい)さん	兄(あに)	お兄(にい)さん
언니·누나	お姉(ねえ)さん	姉(あね)	お姉(ねえ)さん
남동생	이름	弟(おとうと)	弟(おとうと)さん
여동생	이름	妹(いもうと)	妹(いもうと)さん
남편	あなた	夫(おっと)·主人(しゅじん)	ご主人(しゅじん)
부인·아내	おまえ·이름	家内(かない)	奥(おく)さん
자식	이름	子供(こども)	お子(こ)さん
아들	이름	息子(むすこ)	息子(むすこ)さん
딸	이름	娘(むすめ)	お嬢(じょう)さん

*상대방의 가족은 높여 부르고 내 가족을 남에게 말할 때는 낮춰 부른다.

3부

이것도 알아두자!
출제 예상 단어 290

| 1066 | **あ** | (감탄사) 아, 앗 | N5 |

あ、そうですか。

아, 그렇습니까?

| 1067 | **ああ** | 저렇게 → こう 이렇게/そう 그렇게 | N4 |

ああまでしなくてもいいのに…

저렇게까지 안 해도 될 텐데……

| 1068 | **合う** あう | 맞다, 적합하다 → 会あう 만나다 | N4 |

このスーツに合うネクタイを買おうとしました。

이 양복에 맞는 넥타이를 사려고 했습니다.

彼とは意見が合わなくて、いつもけんかになってしまう。

그와는 의견이 안 맞아서 언제나 싸움이 되고 만다.

| 1069 | **赤** あか | 빨강 → 赤あかい 빨갛다 | N5 |

信号が赤になりました。

신호가 빨강이 되었습니다.

| 1070 | **上がる** あがる | 오르다, 올라가다 → 上あげる 올리다 | N4 |

物価は上がっているのに、給料は上がりません。

물가는 오르고 있는데 월급은 오르지 않습니다.

| 1071 | **空く** あく | (공간, 장소 등이) 비다 → 空すく (속이) 비다 | N4 |

すみません、今日は空いている部屋はありません。

죄송합니다, 오늘은 비어 있는 방이 없습니다.

壁に穴が空いています。

벽에 구멍이 뚫려 있습니다.

1072 アクセサリー
액세서리 N5

女の人はアクセサリーするのが好きですね。
여자는 액세서리 하는 것을 좋아하는군요.

1073 浅い
あさ

얕다 ↔ 深ふかい 깊다 N4

この川は浅くて、子供たちが泳いでも安全です。
이 강은 얕아서, 어린이들이 수영해도 안전합니다.

1074 熱い
あつ

뜨겁다 → 暑あつい 덥다 N5

風邪を引いたときには、熱いお茶がいいです。
감기에 걸렸을 때에는 뜨거운 차가 좋습니다.

1075 厚い
あつ

두껍다 ↔ 薄うすい 얇다 N5

この本は、重くて厚いです。
이 책은 무겁고 두껍습니다.

1076 アフリカ
아프리카 N4

来年アフリカ旅行に行くつもりです。
내년에 아프리카 여행갈 생각입니다.

1077 飴
あめ

엿, 사탕 → 雨あめ 비 N4

今日はなんとなく甘い飴が食べたい。
오늘은 왠지 단 엿을 먹고 싶다.

1078 アルコール
알코올 N4

このビールには、アルコールが入っていません。
이 맥주에는 알코올이 들어 있지 않습니다.

1079 あれ — 저것 → これ 이것/それ 그것　N5

あれより、これがよくないですか。

저것보다 이게 좋지 않습니까?

1080 以下(いか) — 이하 ↔ 以上(いじょう) 이상　N4

部屋の温度はいつも１８度以上、２２度以下にしてください。

방의 온도는 항상 18도 이상, 22도 이하로 해 주세요.

1081 生きる(い) — (목숨, 생명) 살다 ↔ 死しぬ 죽다　N4

人は水だけでは生きていけません。

사람은 물만으로는 살아갈 수 없습니다.

★生きる와 住む의 차이

生(い)きる – 死(し)ぬ의 반대개념으로, 생명을 유지하고 있다는 의미.
- うちの犬は二十歳ですが、まだ生きています。
  우리 집 개는 20살인데 아직 살아 있습니다.

住(す)む – 어떤 공간에서 거주한다는 의미(〜に住む 〜에(서) 살다, 거주하다).
- 今は福岡に住んでいます。 지금은 후쿠오카에 살고 있습니다.

1082 石(いし) — 돌　N4

この階段は、石でできています。

이 계단은 돌로 만들어져 있습니다.

1083 糸(いと) — 실　N4

黄色い糸で、セーターを編んでいます。

노란색 실로 스웨터를 뜨고 있습니다.

1084 以内(いない) — 이내 ↔ 以外(いがい) 이외　N4

昼寝は２０分以内がいいそうです。

낮잠은 20분 이내가 좋다고 합니다.

| 1085 | **田舎**
 いなか | 시골 / 고향 | N4 |

私の家はなにもない田舎にあります。
제 집은 아무것도 없는 시골에 있습니다.

お正月には田舎へ帰る予定です。
설날에는 고향에 돌아갈 예정입니다.

| 1086 | **〜員**
 いん | 〜원 | N4 |

店員 점원

会社員 회사원

全員 전원

| 1087 | **植える**
 う | 심다 | N4 |

庭にいろいろな花を植えました。
마당에 다양한 꽃을 심었습니다.

| 1088 | **打つ**
 う | 치다, 때리다 | N4 |

野球はバットでボールを打つスポーツです。
야구는 배트로 볼을 치는 스포츠입니다.

| 1089 | **移る**
 うつ | 옮기다, 이동하다 | N4 |

今度、営業部に移ることになりました。
이번에 영업부로 옮기게 되었습니다.

| 1090 | **腕**
 うで | 팔, 팔뚝 | N4 |

彼女と腕を組んで歩きました。
여자 친구와 팔짱을 끼고 걸어갔습니다.

| 1091 | 裏 うら | 뒤, 안쪽 ↔ 表おもて 겉, 표면 | N4 |

写真の裏に撮影年月日を書いておきました。
사진 뒤에 촬영 날짜를 적어 두었습니다.

この建物の裏の出口からは出られません。
이 건물 뒤 출구로는 나갈 수 없습니다.

| 1092 | 枝 えだ | 나뭇가지 | N4 |

この木は枝が伸びます。
이 나무는 가지가 자랍니다.

| 1093 | 選ぶ えら | 고르다, 선발하다, 뽑다 | N4 |

好きなものを自由に選んでください。
좋아하는 것을 마음대로 골라주세요.

野球代表チームに選ばれました。
야구 대표팀에 뽑혔습니다.

| 1094 | オーバー | 외투, 오버(overcoat) | N5 |

このオーバーは少し高かったが、とても暖かくていいです。
이 오버는 조금 비쌌지만 아주 따뜻해서 좋습니다.

| 1095 | おかしい | 이상하다 / 우습다, 우스꽝스럽다 | N4 |

おかしいな…。確かにかばんに入れたのに辞書がないな。
이상하네…… 분명히 가방에 넣었는데 사전이 없네.

その話は何度聞いてもおかしい。
그 이야기는 몇 번을 들어도 웃긴다.

| 1096 | **億** おく | 억 | N4 |

彼は宝くじが当たって、1億円もらったそうです。
그는 복권이 당첨돼서 1억 엔 받았다고 합니다.

◎ 宝くじが当たる 복권이 당첨되다

| 1097 | **怒る** おこ | 화내다 / (수동태로 쓰여) 혼나다 | N4 |

高田さんはそのことを聞いて怒ったようです。
다카다 씨는 그 말을 듣고 화가 난 것 같습니다.

授業に遅れて、先生に怒られました。
수업에 늦어서 선생님께 혼났습니다.

| 1098 | **押し入れ** おい | 반침, 벽장 | N4 |

押し入れにふとんが入っています。
반침에 이불이 들어있습니다.

| 1099 | **お釣り** つ | 거스름돈 | N4 |

この自販機、お釣りが出てきません。
이 자동판매기, 거스름돈이 안 나옵니다.

| 1100 | **落とす** お | 떨어뜨리다 / 잃어버리다, 분실하다 | N4 |

コップを落としてしまいました。
컵을 떨어뜨리고 말았습니다.

財布を落として、お金がありません。
지갑을 잃어버려서 돈이 없습니다.

| 1101 | **踊り** おど | 춤 | N4 |

これは日本の伝統の踊りです。
이것은 일본의 전통 춤입니다.

| 1102 | **踊る**
おど | 춤추다 | N4 |

パーティーでワルツを踊りました。
파티에서 왈츠를 추었습니다.

| 1103 | **お祭り**
まつ | 축제 | N4 |

この町のお祭りはとても有名で、たくさんの観光客が訪ねます。
이 마을의 축제는 매우 유명하여, 많은 관광객이 방문합니다.

| 1104 | **お巡りさん**
まわ | 순경아저씨, 경찰 | N4 |

交番にお巡りさんがいます。
파출소에 순경아저씨가 있습니다.

| 1105 | **おもちゃ** | 장난감 | N4 |

子供の誕生日に、おもちゃの電車を買ってあげました。
아이 생일에 장난감 전철을 사 주었습니다.

| 1106 | **表**
おもて | 겉, 표면 ↔ 裏うら 뒤, 뒷면 | N4 |

封筒の表にお名前とご住所をお書きください。
봉투 겉에 성함과 주소를 적어 주세요.

| 1107 | **おや** | 어, 어라, 이런, 저런 | N4 |

おや、１２時なのにまだ起きていたの。
어라, 12시인데 아직 안 자고 있었어?

| 1108 | **下りる** | 내려오다 → 下さがる 내려가다, 인하되다 | N4 |

お

雨が降りそうだったので、途中で山から下りました。
비가 올 것 같아서, 도중에 산에서 내려왔습니다.

★下りる와 下がる의 차이

下(お)りる - 사람, 물건이 높은 곳에서 낮은 곳으로 옮겨간다는 의미.
- 木から下りる。 나무에서 내려오다.
- 階段を下りる。 계단을 내려가다.

下(さ)がる - 물건의 위치, 상태가 위에서 아래로 움직인다는 의미.
- 靴下が下がる。 양말이 내려가다.
- 気温が下がる。 기온이 떨어지다.
- 物価が下がる。 물가가 내려가다.

| 1109 | **折る** | 부러뜨리다 / 접다 | N4 |

お

桜の枝を折りました。
벚나무 가지를 꺾었습니다.

千羽鶴を折るのに、1ヶ月かかりました。
천 마리 학을 접는 데 한 달 걸렸습니다.

| 1110 | **折れる** | 부러지다 / 접히다 | N4 |

お

鉛筆の芯が折れてしまいました。
연필 심이 부러져 버렸습니다.

原稿用紙の端が折れています。
원고용지 끝이 접혀 있습니다.

| 1111 | **〜家** | 〜가 | N4 |

か

芸術家 예술가

努力家 노력가

革命家 혁명가

勉強家 학구파

| 1112 | **カーテン** | 커튼 | N4 |

寝る前にカーテンを閉めてください。
자기 전에 커튼을 닫아 주세요.

| 1113 | **海岸** かいがん | 해안 | N4 |

彼女と海岸に座って、日の出を見ました。
여자 친구와 해안에 앉아 일출을 보았습니다.

| 1114 | **会場** かいじょう | 회장, 행사장 | N4 |

今度の同窓会の会場はどこですか。
이번 동창회 행사장은 어디입니까?

| 1115 | **変える** か | 바꾸다 | N5 |

久しぶりに髪型を変えてみました。
오랜만에 헤어스타일을 바꿔보았습니다.

| 1116 | **科学** かがく | 과학 | N4 |

夏休みに子どもたちのための科学教室を開く予定です。
여름 방학 때 어린이들을 위한 과학교실을 열 예정입니다.

| 1117 | **火事** かじ | 화재, 불 | N4 |

火事が起きたときには、落ち着いて行動してください。
화재가 일어났을 때는 침착하게 행동해 주세요.

| 1118 | **固い** かた | 단단하다, 굳다 ↔ 柔やわらかい 부드럽다 | N4 |

祖父は歯が悪くて、固い食べ物はかめません。
할아버지는 이가 안 좋아서, 단단한 음식은 씹을 수 없습니다.

| 1119 | **形**
 かたち | 모양, 형태 | N4 |

ケーキの形が崩れました。
케이크의 모양이 망가졌습니다.

| 1120 | **課長**
 かちょう | 과장 | N4 |

もしもし、田中課長いらっしゃいますか。
여보세요, 다나카 과장님 계십니까?

| 1121 | **勝つ**
 か | 이기다 ↔ 負ける 지다 | N4 |

野球試合で勝ってうれしいです。
야구시합에서 이겨서 기쁩니다.

| 1122 | **格好**
 かっこう | 모습, 외모, 옷차림 | N4 |

うちの娘はいつもはでな格好で出かけています。
우리 딸은 언제나 화려한 차림으로 외출하고 있습니다.

| 1123 | **カップ** | (손잡이가 있는) 컵 → コップ (손잡이가 없는) 컵 | N5 |

昨日デパートで、コーヒーカップセットを買いました。
어제 백화점에서 커피컵 세트를 샀습니다.

| 1124 | **家庭**
 かてい | 가정 | N4 |

山田さんは温かい家庭で育ちました。
야마다 씨는 따뜻한 가정에서 자랐습니다.

| 1125 | **金持ち**
 かねも | 부자 | N4 |

人はみんな金持ちになりたがります。
사람은 모두 부자가 되고 싶어 합니다.

1126 彼女 (かのじょ) — N4

그녀/여자 친구 ↔ 彼(かれ) 그/남자 친구

由美子(ゆみこ)さん？ 彼女(かのじょ)ならもう帰(かえ)りましたよ。
유미코 씨요? 그녀는 벌써 돌아갔어요.

1127 彼ら (かれ) — N4

그들〈복수〉

今(いま)彼(かれ)らは、次(つぎ)の試合(しあい)の準備(じゅんび)をしています。
지금 그들은, 다음 시합 준비를 하고 있습니다.

1128 関係 (かんけい) — N4

관계

その話(はなし)はこの事件(じけん)とは何(なん)の関係(かんけい)もありません。
그 이야기는 이 사건과 아무 관계도 없습니다.

1129 〜学部 (がくぶ) — N4

〜학부

弟(おとうと)は東京大学法学部(とうきょうだいがくほうがくぶ)に通(かよ)っています。
남동생은 도쿄대학 법학부에 다니고 있습니다.

◎ 学部の学生 학부 학생

1130 ガス — N4

가스

家(いえ)の前(まえ)で道路工事(どうろこうじ)をやっていて、昨日(きのう)からガスが出(で)ていません。
집 앞에서 도로공사를 하고 있어서 어제부터 가스가 안 나옵니다.

1131 ガソリン — N4

가솔린, 휘발유

ガソリン価格(かかく)がまた上(あ)がりました。
휘발유 가격이 또 올랐습니다.

1132 ガラス — N5

유리

ガラスが割(わ)れて危(あぶ)ないですから、気(き)をつけてください。
유리가 깨져 위험하니 조심해 주세요.

| 1133 | **頑張る** がんば | 노력하다, 열심히 하다, 분발하다 | N4 |

あきらめないで最後まで頑張ってください。
포기하지말고 끝까지 분발해 주세요.

| 1134 | **汽車** きしゃ | 기차 → 記者 きしゃ 기자 | N4 |

私は汽車で北海道まで行きました。
저는 기차로 홋카이도까지 갔습니다.

| 1135 | **絹** きぬ | 비단 | N4 |

この着物は絹でできています。
이 기모노는 비단으로 만들어져 있습니다.

| 1136 | **決まる** き | 결정되다, 정해지다 → 決める 결정하다, 정하다 | N4 |

ピクニックは来週の水曜日に決まりました。
소풍은 다음주 수요일로 결정되었습니다.

父はいつも決まった時間に家を出ます。
아버지는 언제나 정해진 시간에 집을 나섭니다.

| 1137 | **君** きみ | 너, 자네 | N4 |

これからみんなで飲みに行くけど、君も一緒に行こうか。
이제부터 다 같이 한잔하러 갈 건데, 자네도 함께 가겠나?

| 1138 | **決める** き | 결정하다, 정하다 | N4 |

次の会議の日程を決めました。
다음 회의 일정을 결정하였습니다.

| 1139 | **教育** きょういく | 교육 | N4 |

来月の10日から新入社員の教育が始まります。
다음 달 10일부터 신입사원 교육이 시작됩니다.

| 1140 | **教会** きょうかい | 교회 | N4 |

日本には教会があまり多くないです。
일본에는 교회가 그다지 많지 않습니다.

| 1141 | **競争** きょうそう | 경쟁 | N4 |

A社とB社はいつも売り上げを競争しています。
A사와 B사는 항상 매출을 경쟁하고 있습니다.

| 1142 | **牛肉** ぎゅうにく | 쇠고기 | N5 |

私は牛肉も豚肉も好きです。
저는 쇠고기도 돼지고기도 좋아합니다.

| 1143 | **〜区** く | 〜구 | N4 |

杉並区は東京２３区の西部に位置しています。
스기나미구는 도쿄 23구의 서부에 위치하고 있습니다.

| 1144 | **草** くさ | 풀 | N4 |

庭にたくさんの草が生えています。
마당에 많은 풀이 나 있습니다.

| 1145 | **口** くち | 입 | N5 |

食べ物が口に入っています。
음식물이 입에 들어 있습니다.

| 1146 | **靴下** くつした | 양말 | N5 |

由美ちゃんはいつも黄色い靴下をはいています。
유미는 언제나 노란 양말을 신고 있습니다.

| 1147 | **雲** くも | 구름 | N4 |

空に白い雲がふわふわと浮かんでいます。
하늘에 흰구름이 둥실둥실 떠 있습니다.

1148 曇り (くも)
흐림 — N5

きのうは一日中曇りでした。
어제는 하루 종일 흐렸습니다.

1149 グラム
그램 — N5

このお菓子は100グラムで、300円です。
이 과자는 100그램에 300엔입니다.

1150 黒 (くろ)
검정 → 黒くろい 검다 — N5

黒田さんは黒のシャツを着ています。
구로다 씨는 검정 셔츠를 입고 있습니다.

1151 毛 (け)
털 — N4

弟は髪の毛を茶色に染めました。
남동생은 머리를 갈색으로 염색했습니다.

私もあんな毛のセーターがほしいです。
저도 저런 털 스웨터를 갖고 싶습니다.

1152 警察 (けいさつ)
경찰 — N4

私の将来の夢は警察になることです。
제 장래의 꿈은 경찰이 되는 것입니다.

1153 経済 (けいざい)
경제 — N4

兄は日本経済研究センターに勤めています。
형은 일본경제연구센터에서 근무하고 있습니다.

1154 景色 (けしき)
경치 — N4

この山の上から見える景色は、本当にすばらしいです。
이 산 위에서 보이는 경치는 정말 멋있습니다.

| 1155 | 消しゴム | 지우개 | N5 |

け

ボールペンで書いた字は、消しゴムで消せません。
볼펜으로 쓴 글자는 지우개로 지울 수 없습니다.

| 1156 | 決して | (뒤에 부정을 수반하여) 결코(~않는다, ~하지 않는다) | N4 |

けっ

このことは決して人に話してはいけません。
이 일은 결코 남에게 말해서는 안됩니다.

| 1157 | けんか | 싸움 | N4 |

今外で誰かけんかをしているようです。
지금 밖에서 누군가 싸움을 하고 있는 것 같습니다.

| 1158 | 見物 | 구경 | N4 |

けんぶつ

きのうは隣の町へ行って、祭りを見物してきました。
어제는 옆 마을에 가서 축제를 구경하고 왔습니다.

| 1159 | 下宿 | 하숙 | N4 |

げしゅく

私は大学時代、高田馬場で下宿しました。
저는 대학시절, 다카다노바바에서 하숙했습니다.

| 1160 | 原因 | 원인 | N4 |

げんいん

その事故は不注意に原因するものだった。
그 사고는 부주의로 인한 것이었다.

| 1161 | 郊外 | 교외 | N4 |

こうがい

東京は土地が高くて、郊外に住んでいます。
도쿄는 땅값이 비싸서, 교외에 살고 있습니다.

| 1162 | 高校 | 고교 = 高等学校 こうとうがっこう 고등학교 | N4 |

こうこう

時々、楽しかった高校時代を思い出したりします。
때때로, 즐거웠던 고교시절을 떠올리곤 합니다.

1163	**高校生**	고등학생	N4
	こうこうせい		

うちには高校生の息子と中学生の娘がいます。
우리 집에는 고등학생 아들과 중학생 딸이 있습니다.

1164	**交差点**	교차로, 사거리, 로터리	N4
	こうさてん		

あの交差点には、信号機がなくてとても危ないです。
저 사거리에는 신호등이 없어서 매우 위험합니다.

1165	**講堂**	강당	N4
	こうどう		

明日の卒業式は講堂で行われる予定です。
내일 졸업식은 강당에서 거행될 예정입니다.

1166	**公務員**	공무원	N4
	こうむいん		

うちの主人は国家公務員です。
우리 남편은 국가 공무원입니다.

1167	**国際**	국제	N4
	こくさい		

この会社の製品は国際的に有名です。
이 회사 제품은 국제적으로 유명합니다.

1168	**心**	마음	N4
	こころ		

由美子さんは心が美しい人です。
유미코 씨는 마음이 아름다운 사람입니다.

心よりお礼申し上げます。
진심으로 감사드립니다.

1169	**小鳥**	작은 새	N4
	ことり		

枝の先に小鳥が座っていました。
가지 끝에 작은 새가 앉아 있었습니다.

| 1170 | **コピー** | 복사 | N5 |

鈴木さん、これを２０部コピーしてください。
스즈키 씨, 이것을 20부 복사해 주세요.

| 1171 | **細かい** こま | 자세하다, 세세하다 / 꼼꼼하다 / 사소하다 | N4 |

山田先輩は、仕事に関して細かく説明してくれました。
야마다 선배님은 업무에 관해서 자세히 설명해 주었습니다.

母は細かい人で、昔のことまで全部覚えています。
어머니는 꼼꼼한 사람으로, 옛날일까지 전부 기억하고 있습니다.

細かいことまで、口を出したくありません。
사소한 일까지 참견하고 싶지 않습니다.

| 1172 | **ごみ** | 쓰레기 | N4 |

こんなところにごみを捨てる人がいて困りますね。
이런 곳에 쓰레기를 버리는 사람이 있어 난처합니다.

| 1173 | **さあ** | (감탄사) 자〈권유, 재촉〉, 글쎄〈망설임〉 | N4 |

さあ、もう時間になりました。そろそろ始めましょうか。
자, 이제 시간이 되었습니다. 슬슬 시작할까요?

さあ、結果はどうでしょうね。
자, 결과는 어떨까요?

| 1174 | **最初** さいしょ | 최초, 처음 ↔ **最後** さいご 최후, 마지막 | N4 |

今度の旅行は最初から行きたくなかった。
이번 여행은 처음부터 가고 싶지 않았다.

1175 坂
さか

비탈길, 경사, 고개 **N4**

私の町には急な坂が多くて、年寄りには大変なようです。

우리 동네에는 급경사길이 많아서, 노인분들께는 힘든 것 같습니다.

1176 下げる
さ

내리다, 낮추다 **N4**

この部屋、暑いですね。少し温度を下げてください。

이 방 덥네요. 조금 온도를 낮춰 주세요.

1177 差し上げる
さ あ

「あげる」의 정중어: 드리다, 바치다 **N4**

私が作ったケーキを、先生に差し上げました。

제가 만든 케이크를 선생님께 드렸습니다.

1178 再来月
さ らいげつ

다다음달 **N5**

再来月がもう１２月ですね。はやいですね。

다다음달이 벌써 12월이네요. (세월 참) 빠르군요.

1179 サラダ

샐러드 **N4**

野菜と果物でサラダを作りました。

채소와 과일로 샐러드를 만들었습니다.

1180 サンドイッチ

샌드위치 **N4**

あのレストランのサンドイッチはボリュームがあって、一つでおなかいっぱいになります。

저 레스토랑 샌드위치는 양이 푸짐해서, 한 개로 배가 부릅니다.

| 1181 | 市 し | 시 | N4 |

この市の中心には有名なショッピングセンターがあります。

이 시의 중심에는 유명한 쇼핑센터가 있습니다.

| 1182 | 叱る しか | 야단치다, 꾸짖다, 혼내다 ↔ 褒める 칭찬하다 | N4 |

きのうは宿題を忘れてきて、先生に叱られました。

어제는 숙제를 안 갖고와서 선생님께 혼났습니다.

| 1183 | 下着 したぎ | 속옷 ↔ 上着 うわぎ 웃옷, 상의 | N4 |

下着を買いに行きましたが、気に入るものがありませんでした。

속옷을 사러갔는데 마음에 드는 것이 없었습니다.

| 1184 | しばらく | 잠시 | N4 |

すぐ戻ってきますので、ここでしばらくお待ちください。

곧 돌아올 테니 이곳에서 잠시 기다려 주세요.

| 1185 | 島 しま | 섬 | N4 |

この島の景色は本当にすばらしいです。

이 섬의 경관은 정말 멋집니다.

| 1186 | シャワー | 샤워 | N5 |

兄は今シャワーを浴びています。

형은 지금 샤워를 하고 있습니다.

◎ シャワーを浴びる 샤워를 하다

| 1187 | **紹介** しょうかい | 소개 | N4 |

じゃ、みなさん、自己紹介お願いします。
그럼 여러분, 자기소개 부탁합니다.

| 1188 | **小学校** しょうがっこう | 초등학교 | N4 |

この町には小学校がなくて、子供たちは隣の町まで行かなければなりません。
이 마을에는 초등학교가 없어서, 아이들은 이웃마을까지 가지 않으면 안됩니다.

| 1189 | **承知する** しょうち | 알다 / (부탁 등을) 들어주다, 승낙하다 / 용서하다 | N4 |

はい、ご承知いたしました。
네, 잘 알겠습니다.

課長は私の頼みを承知してくれませんでした。
과장님은 제 부탁을 들어주지 않았습니다.

もし、大学進学をあきらめると言ったら、父は承知してくれないだろう。
만약 대학 진학을 포기하겠다고 하면 아버지는 용서하지 않을 것이다.

| 1190 | **白** しろ | 하양, 흰색 → 白しろい 하얗다 | N5 |

男のワイシャツは、普通白ですね。
남자 와이셔츠는 보통 흰색이지요.

| 1191 | **地震** じしん | 지진 | N4 |

日本は地震が多い国です。
일본은 지진이 많은 나라입니다.

| 1192 | **辞典** じてん | 사전 = 辞書じしょ | N5 |

本屋に行ったら、新しい辞典が出ていました。
서점에 갔더니 새 사전이 나와 있었습니다.

| 1193 | **字引** じびき | 사전 = 辞書じしょ | N4 |

新しい言葉を字引を引いて調べました。
새로운 단어를 사전을 찾아서 조사했습니다.

| 1194 | **自由** じゆう | 자유 | N4 |

結婚する前はお金を自由に使っていたが、今はそうはできない。

결혼하기 전에는 돈을 자유롭게 쓰고 있었는데, 지금은 그렇게는 안된다.

ご自由にお取りください。
마음대로 가져 가세요.

| 1195 | **柔道** じゅうどう | 유도 | N54 |

私は柔道が好きで、よく試合を見に行きます。
저는 유도를 좋아해서 자주 시합을 보러 갑니다.

| 1196 | **女性** じょせい | 여성 ↔ 男性だんせい 남성 | N4 |

男性より、女性の方が長生きするようです。
남성보다 여성이 오래 사는 것 같습니다.

| 1197 | **神社** じんじゃ | 신사 | N4 |

この近くには有名な神社やお寺などが多いです。
이 근처에는 유명한 신사와 절이 많습니다.

1198 ジャム
잼 — N4

私は焼いたパンに、ジャムをつけて食べるのが好きです。
저는 구운 빵에 잼을 발라먹는 것을 좋아합니다.

1199 数学
すうがく

수학 — N4

私は学生時代、数学が苦手でした。
저는 학창시절, 수학을 잘 못했습니다.

1200 スーツ
정장, 양복 — N4

就職が決まって、スーツを買いにデパートへ行きます。
취직이 결정되어 정장을 사러 백화점에 갑니다.

1201 スーパー(マーケット)
슈퍼(마켓) — N4

私はいつもあのスーパーで食料品を買っています。
저는 항상 저 슈퍼에서 식료품을 사고 있습니다.

1202 進む
すす

나아가다, 전진하다 / 진보하다, 발달하다 / 진척되다, 진행되다 — N4

その探検隊は、ずっと前に進んでいきました。
그 탐험대는 계속 앞으로 전진해 나갔습니다.

医学が進んでいて、ガンも治せるようになりました。
의학이 발달하여 암도 고칠 수 있게 되었습니다.

論文があまり進んでいない。
논문이 그다지 진척되고 있지 않다.

| 1203 | **ステーキ** | 스테이크 | N4 |

あのレストランのステーキは確かにおいしいが、値段が高すぎる。
저 레스토랑의 스테이크는 확실히 맛있는데 값이 너무 비싸다.

| 1204 | **ステレオ** | 스테레오, 입체 | N4 |

この放送は、ステレオ放送です。
이 방송은 스테레오 방송입니다.

| 1205 | **砂** すな | 모래 | N4 |

太郎は砂だらけになって帰ってきました。
다로는 모래투성이가 되어 돌아왔습니다.

| 1206 | **スリッパ** | 슬리퍼 | N5 |

この建物の中では、スリッパをはいてください。
이 건물 안에서는 슬리퍼를 신어주세요.

| 1207 | **〜ずつ** | 〜씩 | N4 |

みんな並んで、一人ずつ中に入ってください。
모두 줄서서, 한 사람씩 안으로 들어가 주세요.

| 1208 | **生活** せいかつ | 생활 | N4 |

主人の収入だけでは生活できなくて、私も仕事を始めました。
남편의 수입만으로는 생활할 수 없어서, 저도 일을 시작했습니다.

| 1209 | **生産** せいさん | 생산 | N4 |

この会社では、パソコンやプリンターなどを生産しています。
이 회사에서는 컴퓨터와 프린터 등을 생산하고 있습니다.

| 1210 | **政治** せいじ | 정치 | N4 |

私は政治の話はあまりしたくありません。
저는 정치 이야기는 별로 하고 싶지 않습니다.

| 1211 | **西洋** せいよう | 서양 | N5 |

私は大学で、西洋の文化について勉強しています。
저는 대학에서, 서양 문화에 대해서 공부하고 있습니다.

| 1212 | **背中** せなか | 등 ↔ おなか 배 | N4 |

祖父は最近背中が痛くて、よく眠れないそうだ。
할아버지는 요즘 등이 아파서 잠을 잘 못 주무신다고 한다.

| 1213 | **ゼロ** | 제로, 0 = 零れい | N4 |

あんな人は社会性ゼロだと思います。
저런 사람은 사회성제로라고 생각합니다.

うちは貯金ゼロで、借金は多い。
우리 집은 저금은 제로이며 빚은 많다.

| 1214 | **線** せん | 선 | N4 |

間違えたところには、線を引いてください。
틀린 부분에는 선을 그어 주세요.

| 1215 | **先月** せんげつ | 지난달 ↔ 来月らいげつ 다음 달 | N5 |

加藤さんは、先月会社を辞めて、田舎へ帰りました。
가토 씨는 지난달 회사를 그만두고 고향으로 돌아갔습니다.

| 1216 | **戦争** せんそう | 전쟁 | N4 |

二度と戦争が起こらないように祈っています。
두 번 다시 전쟁이 일어나지 않기를 빌고 있습니다.

| 1217 | **そっち** | 그쪽 → こっち 이쪽/あっち 저쪽 | N5 |

そっちはトイレです。
그쪽은 화장실입니다.

| 1218 | **ソフト** | 소프트, 부드러움 | N4 |

昨日の会議はソフトなムードでした。
어제 회의는 부드러운 분위기였습니다.

| 1219 | **タイプ** | 타입, 유형 | N4 |

彼は私の好きなタイプの男です。
그는 제가 좋아하는 타입의 남자입니다.

| 1220 | **倒れる** | 쓰러지다 | N4 |
| | たお | | |

台風で大きい木が倒れてしまいました。
태풍에 큰 나무가 쓰러지고 말았습니다.

| 1221 | **確かだ** | 확실하다, 분명하다 | N4 |
| | たし | | |

お金は確かに、ないよりはあったほうがいいでしょう。
돈은 확실히, 없는 것보다는 있는 편이 좋겠지요.

| 1222 | **足す** | 더하다, 채우다 | N4 |
| | た | | |

3に7を足すと10になります。
3에 7을 더하면 10이 됩니다.

| 1223 | **畳** | 다다미 | N4 |
| | たたみ | | |

父はベッドより、畳の上で寝るのがいいと言っています。
아버지는 침대보다 다다미 위에서 자는 게 좋다고 합니다.

| 1224 | **縦** (たて) | 세로 ↔ 横(よこ) 가로 | N4 |

おじいさんはいつも手紙を縦に書いています。
할아버지는 항상 편지를 세로로 쓰고 있습니다.

| 1225 | **立てる** (た) | 세우다 → 建(た)てる (건물 등을) 짓다 | N5 |

はしごを立てておきました。
사다리를 세워 놓았습니다.

みんなで夏休みの計画を立てました。
다 같이 여름 방학 계획을 세웠습니다.

| 1226 | **例えば** (たと) | 예를 들면 | N5 |

例えば、何か問題があった時に「心配しなくていいよ」と言ってくれることです。
예를 들면, 무엇인가 문제가 있을 때 '걱정 안해도 된다'고 말해주는 것입니다.

| 1227 | **棚** (たな) | 선반 | N4 |

棚の上にきれいな人形がたくさん置いてあります。
선반 위에 예쁜 인형이 많이 놓여 있습니다.

| 1228 | **楽しむ** (たの) | 즐기다 | N4 |

まだ独身の生活を楽しみたいです。
아직 독신생활을 즐기고 싶습니다.

彼は来月の北海道旅行を楽しみにしています。
그는 다음달 훗카이도 여행을 기대하고 있습니다.

◎ 楽しみにしている 기대하고 있다

| 1229 | **頼む**
_{たの} | 부탁하다 | N4 |

美智子さんに仕事の手伝いを頼みました。
미치코 씨에게 일을 거들어 달라고 부탁했습니다.

| 1230 | **大好きだ**
_{だいす} | 매우 좋아하다, 아주 좋아하다 | N5 |

私はとり肉が大好きです。
저는 닭고기를 아주 좋아합니다.

| 1231 | **だいぶ** | 꽤, 상당히 | N4 |

だいぶ昔のことですが、はっきり覚えていますよ。
꽤 옛날 일이지만 확실히 기억하고 있습니다.

| 1232 | **〜建て**
_だ | (층수 뒤에 접속하여) 〜층 건물(집) | N4 |

このビルは１０階建てです。
이 빌딩은 10층 건물입니다.

私は一戸建てに住みたいです。
저는 단독주택에서 살고 싶습니다.

| 1233 | **男性**
_{だんせい} | 남성 ↔ **女性**_{じょせい} 여성 | N4 |

この雑誌は男性向けです。
이 잡지는 남성용입니다.

| 1234 | **血**
_ち | 피 | N4 |

足から血が出ています。
다리에서 피가 나고 있습니다.

| 1235 | **チェック** | 체크 | N4 |

鈴木さん、この書類、もう一回チェックしてくれる？
스즈키 씨, 이 서류 한 번 더 체크해 줄래?

| 1236 | **ちっとも** | (뒤에 부정문이 와서) 조금도, 전혀 | N4 |

来週試験なのに、うちの息子はちっとも勉強していません。
다음주 시험인데, 우리 아들은 전혀 공부 안하고 있습니다.

| 1237 | **ちゃわん** | 밥공기 | N4 |

ちゃわんが割れています。
밥공기가 깨져 있습니다.

| 1238 | **町** ちょう | 쵸, 동(일본의 행정구역단위) | N4 |

高橋さんは鍋島町に住んでいます。
다카하시 씨는 나베시마쵸에 살고 있습니다.

| 1239 | **捕まえる** つか | 잡다, 붙잡다, 체포하다 | N4 |

警察がスーパーに入った泥棒を捕まえました。
경찰이 슈퍼에 들어온 도둑을 체포했습니다.

| 1240 | **月** つき | 달 | N4 |

山の向こうに丸い月が見えますね。
산 저편에 둥근 달이 보이는군요.

◎ 一月(ひとつき) 한 달
一月に一回は実家に行っています。 한 달에 한 번은 부모님 댁에 가고 있습니다.

| 1241 | **点く** つ | (불) 붙다, (전기) 켜지다 ↔ 消える 꺼지다 | N4 |

スイッチを押すと、電気が点きました。
스위치를 눌렀더니 전기가 켜졌습니다.

| 1242 | **漬ける**
 つ | (채소를) 절이다 | N4 |

たくあんは大根を漬けた食べ物です。
단무지는 무를 절인 먹거리입니다.

◎ 浸ける (물에) 담그다
足を川に浸けています。 발을 강에 담그고 있습니다.

| 1243 | **続く**
 つづ | 계속되다, 이어지다 → 続っづける 계속하다 | N4 |

これからも不景気が続くようです。
앞으로도 불경기가 계속될 것 같습니다.

| 1244 | **テキスト** | 교과서, 교재 | N4 |

今日はテキストを忘れてきて、隣の人に見せてもらいました。
오늘은 교과서를 안 갖고와서 옆 사람이 보여주었습니다.

| 1245 | **手袋**
 てぶくろ | 장갑 | N5 |

今日は寒くて、手袋をしています。
오늘은 추워서 장갑을 끼고 있습니다.

| 1246 | **電灯**
 でんとう | 전등 | N4 |

事務室に誰もいないのに、電灯がついています。
사무실에 아무도 없는데 전등이 켜져 있습니다.

| 1247 | **電報**
 でんぽう | 전보 | N4 |

昔は電報がよく使われていました。
옛날에는 전보가 자주 쓰였습니다.

| 1248 | **戸**
 と | 문 | N5 |

戸を閉めました。
문을 닫았습니다.

1249 都 と
도 (일본의 행정구역단위) — N4

東京都の人口はどのぐらいですか。
도쿄도의 인구는 어느 정도입니까?

1250 とうとう
드디어, 마침내 / 결국, 끝내 — N4

これで私もとうとう卒業できるようになりました。
이로써 저도 마침내 졸업할 수 있게 되었습니다.

5時間も待ったが、とうとう彼女は来なかった。
5시간이나 기다렸지만, 결국 그녀는 오지 않았다.

1251 年 とし
해 / 나이 — N4

来年はどんな年になるでしょう。
내년은 어떤 해가 될까요?

母は年のわりに若く見えます。
어머니는 나이에 비해 젊어 보입니다.

1252 途中 とちゅう
도중 — N4

会議の途中、携帯電話が鳴りました。
회의 도중에 휴대전화가 울렸습니다.

1253 届ける とど
보내다, 전하다 / 신고하다 — N4

弟に本を佐藤さんに届けに行くように頼みました。
남동생에게 책을 사토 씨에게 전해주러 가도록 부탁했습니다.

運転免許証を落として、交番に届けました。
운전면허증을 잃어버려서 파출소에 신고하였습니다.

1254 泊まる
と

묵다, 숙박하다 N4

私は東京に来ると、いつもこのホテルに泊まっています。

저는 도쿄에 오면 항상 이 호텔에 묵고 있습니다.

1255 取り替える
と か

바꾸다, 갈다, 교체하다, 교환하다 N4

子供のおもちゃの電池を取り替えてあげました。

아이 장난감의 건전지를 갈아주었습니다.

1256 とりにく

닭고기 N4

妻は鳥肉は大好きですが、豚肉はぜんぜん食べません。

아내는 닭고기는 매우 좋아하지만 돼지고기는 전혀 먹지 않습니다.

1257 道具
どうぐ

도구 N4

ナイフは台所で、野菜や肉などを切るときに使う道具です。

나이프는 부엌에서 채소나 고기 등을 자를 때에 쓰는 도구입니다.

1258 泥棒
どろぼう

도둑 N4

ゆうべ、山田さんのところは泥棒に入られたそうです。

어젯밤, 야마다 씨 댁에 도둑이 들었다고 합니다.

| 1259 | **鳴く**
な | (동물이) 울다 → 泣なく (사람이) 울다 | N4 |

近くの公園に行けば、鳥の鳴く声を聞くことができます。

근처 공원에 가면, 새 우는 소리를 들을 수 있습니다.

★鳴く와 泣く의 차이
동물, 새, 벌레가 울 때는 '鳴く'를 사용하며, 사람이 울 때는 '泣く'를 사용한다.
・虫が鳴いている。벌레가 울고 있다.
・子供が泣いている。어린아이가 울고 있다.

| 1260 | **無くす**
な | 없애다 / 분실하다, 잃어버리다
→ 亡なくす (사람을) 여의다, 잃다 | N4 |

できるものなら、この世から戦争をなくしたい。
할 수만 있다면, 이 세상에서 전쟁을 없애고 싶다.

買ったばかりの辞書を無くしてしまいました。
산 지 얼마 안 된 사전을 잃어버리고 말았습니다.

| 1261 | **無くなる**
な | 없어지다
→ 亡なくなる 돌아가시다(死ぬ의 완곡한 표현) | N4 |

ダム工事で田舎の家が無くなりました。
댐 공사로 고향집이 없어졌습니다.

| 1262 | **投げる**
な | 던지다 | N4 |

犬にボールを投げてあげた。
개에게 공을 던져주었다.

| 1263 | **なるほど** | 과연〈수긍, 납득〉 | N4 |

その説明を聞いて、「なるほど」と感心しました。
그 설명을 듣고 '과연' 하고 감탄하였습니다.

| 1264 | **逃げる**
 に | 도망치다 | N4 |

くまだ！！みんな逃げろ！！
곰이다!! 모두 도망쳐!!

| 1265 | **日記**
 にっき | 일기 | N4 |

姉は高校時代から、毎日日記をつけています。
언니는 고교시절부터 매일 일기를 쓰고 있습니다.

◎ 日記をつける 일기를 쓰다

| 1266 | **塗る**
 ぬ | 칠하다, 바르다 | N4 |

壁にペンキを塗りました。
벽에 페인트를 칠했습니다.

| 1267 | **温い**
 ぬる | 미지근하다 | N4 |

私は熱いお茶より、温い方がいいです。
저는 뜨거운 차보다 미지근한 쪽이 좋습니다.

| 1268 | **濡れる**
 ぬ | 젖다 | N4 |

雨に降られて、びっしょり濡れてしまいました。
비를 맞아 흠뻑 젖고 말았습니다.

| 1269 | **熱心**
 ねっしん | 열심 | N4 |

彼は何でも熱心にする、まじめな人です。
그는 무엇이든지 열심히 하는 성실한 사람입니다.

| 1270 | **寝坊**
 ねぼう | 늦잠, 늦잠꾸러기 | N4 |

起きたら１１時だった。また寝坊してしまった。
일어나보니 11시였다. 또 늦잠자고 말았다.

| 1271 | **乗り物** (の もの) | 탈것, 교통기관 | N4 |

バスや電車のような公共の乗り物で騒いではいけません。

버스나 전철 같은 공공의 교통기관에서 떠들어서는 안됩니다.

| 1272 | **〜杯** (はい) | 〜잔, 〜그릇 | N4 |

息子はおなかすいたといって、ご飯を五杯も食べました。

아들은 배고프다며 밥을 다섯그릇이나 먹었습니다.

| 1273 | **灰皿** (はいざら) | 재떨이 | N5 |

この部屋には灰皿がありません。

이 방에는 재떨이가 없습니다.

| 1274 | **はっきり** | 분명히 | N4 |

行けない理由をはっきり言ってください。

갈 수 없는 이유를 확실히 말해 주세요.

| 1275 | **林** (はやし) | 숲 | N4 |

この林には、きつねがいるそうです。

이 숲에는 여우가 있다고 합니다.

| 1276 | **晴れ** (は) | 맑음, 갬 → 晴れる 맑다, 개다, 화창하다 | N4 |

今日は晴れの日で、散歩にちょうどいいですね。

오늘은 날씨가 맑아서 산책하기 딱 좋습니다.

| 1277 | **ハンバーグ** | 햄버그(햄버그스테이크의 줄임말) → ハンバーガー 햄버거 | N4 |

ママ、今日のおかずはハンバーグにしてよ。

엄마, 오늘 반찬은 햄버그스테이크 해줘.

| 1278 | **場合** ばあい | 경우 | N4 |

そのような場合には、早く事務室の方にお電話ください。

그러한 경우에는 빨리 사무실로 전화주세요.

| 1279 | **〜倍** ばい | 〜배 | N4 |

今年の収入は去年の倍になりました。

올해 수입은 작년의 배가 되었습니다.

| 1280 | **〜番** ばん | 〜번 | N5 |

まず、問題1番から20番までやってください。

우선, 문제 1번부터 20번까지 해 주세요.

| 1281 | **パート(タイム)** | 파트(타임) | N4 |

就職が決まらなくて、今はパートで働いています。

취직이 결정 안돼서, 지금은 파트타임으로 일하고 있습니다.

| 1282 | **パソコン** | 컴퓨터 | N5 |

最近はパソコンがなければ、何もできませんね。

요즘은 컴퓨터가 없으면 아무것도 할 수 없지요.

| 1283 | **パパ** | 아빠 ↔ ママ 엄마 | N5 |

パパと公園へ行きました。

아빠와 공원에 갔습니다.

| 1284 | **火** ひ | 불 | N4 |

火の用心

불조심

| 1285 | **低い** ひく | 낮다/(키가)작다 ↔ 高たかい 높다 | N5 |

うちの裏に低い山があります。
우리 집 뒤에 낮은 산이 있습니다.

私は背が低いです。
저는 키가 작습니다.

| 1286 | **ひげ** | 수염 | N4 |

今年はひげを生やすのが流行っています。
올해는 수염을 기르는 것이 유행하고 있습니다.

| 1287 | **飛行場** ひこうじょう | 비행장 | N4 |

この町の隣に飛行場があるので、いつもうるさいです。
이 마을 옆에 비행장이 있어서 항상 시끄럽습니다.

| 1288 | **非常に** ひじょう | 매우, 크게, 대단히 | N4 |

学生時代に勉強しておいたロシア語が、今の職場で非常に役に立っています。
학창시절에 공부해 두었던 러시아어가, 지금 직장에서 크게 도움되고 있습니다.

| 1289 | **平仮名** ひらがな | 히라가나 | N5 |

平仮名はすぐ覚えたが、片仮名はまだ覚えていません。
히라가나는 금방 외웠으나 가타카나는 아직 외우지 못했습니다.

| 1290 | **開く** ひら | 열다, 펴다 / 개최하다, 열리다 | N4 |

部屋の中が暑くて、窓を開きました。
방 안이 더워서 창문을 열었습니다.

１９８８年、韓国ソウルでオリンピックが開かれました。
1988년, 한국 서울에서 올림픽이 개최되었습니다.

| 1291 | **昼間** ひるま | 낮, 주간 | N4 |

買い物をしたくても、昼間は忙しいから行けません。
쇼핑을 하고 싶어도 낮에는 바빠서 갈 수 없습니다.

| 1292 | **びっくりする** | 깜짝 놀라다 | N4 |

デパートで気に入る靴を見つけたが、値段を見てびっくりしました。
백화점에서 마음에 드는 구두를 찾았지만, 가격을 보고 깜짝 놀랐습니다.

| 1293 | **フィルム** | 필름 | N5 |

デジカメはフィルムがなくても、写真を撮れます。
디지털 카메라는 필름이 없어도 사진을 찍을 수 있습니다.

| 1294 | **復習** ふくしゅう | 복습 ↔ **予習** よしゅう 예습 | N4 |

学校で勉強したことは、必ず復習してください。
학교에서 공부한 것은 반드시 복습해 주세요.

| 1295 | **布団** ふとん | 이불 | N4 |

寒いので厚い布団をかけて寝ます。
추워서 두꺼운 이불을 덮고 잡니다.

1296	**豚肉** ぶたにく	돼지고기　　N5

この料理には豚肉が入っています。
이 요리에는 돼지고기가 들어 있습니다.

1297	**部長** ぶちょう	부장　　N4

杉田課長は来月部長になります。
스기타 과장님은 다음 달에 부장님이 됩니다.

1298	**ぶどう**	포도　　N4

ぶどうでジャムを作りました。
포도로 잼을 만들었습니다.

1299	**文化** ぶんか	문화　　N4

国によって文化はみんな違います。
나라에 따라 문화는 모두 다릅니다.

1300	**文章** ぶんしょう	문장　　N4

この文章は漢字と助詞の間違いが多くて、読みにくいです。
이 문장은 한자와 조사가 틀린 데가 많아 읽기 어렵습니다.

1301	**文法** ぶんぽう	문법　　N4

次の授業は英文法です。
다음 수업은 영문법입니다.

1302	**下手だ** へた	서툴다, 못하다 ↔ 上手じょうずだ 잘하다　　N5

中国語は半年ぐらい勉強していますが、まだ下手です。
중국어는 반 년 정도 공부하고 있습니다만 아직 서툽니다.

| 1303 | **別に** べつ | 별로, 특별히 | N4 |

その説には、別に問題はないと思っています。
그 설에는 특별히 문제는 없다고 생각하고 있습니다.

| 1304 | **ベッド** | 침대 | N5 |

ベッドの上で、ねこが寝ています。
침대 위에서 고양이가 자고 있습니다.

| 1305 | **放送** ほうそう | 방송 | N4 |

この放送局の前は駐車禁止です。
이 방송국 앞은 주차금지입니다.

| 1306 | **法律** ほうりつ | 법률 | N4 |

ここでタバコをすうことは、法律によって禁じられています。
이곳에서 담배를 피우는 것은 법률에 의해 금지되어 있습니다.

| 1307 | **ほか** | 외, 밖 | N5 |

そのほかに何がありますか。
그 밖에 무엇이 있습니까?

| 1308 | **星** ほし | 별 | N4 |

空に星が光っています。
하늘에 별이 빛나고 있습니다.

| 1309 | **〜本** ほん | 〜자루 / 〜그루 / 〜병 등(가늘고 긴 것을 세는 단위) | N5 |

鉛筆が1本あります。 연필이 한 자루 있습니다.
木が1本あります。 나무가 한 그루 있습니다.
びんが1本あります。 병이 한 병 있습니다.

| 1310 | **翻訳** ほんやく | 번역 | N4 |

日本文学をロシア語に翻訳する仕事をしています。
일본 문학을 러시아어로 번역하는 일을 하고 있습니다.

| 1311 | **僕** ぼく | 나〈남성 1인칭 대명사〉 | N4 |

田中さん、僕も明日行きます。
다나카 씨, 저도 내일 가겠습니다.

| 1312 | **ポスト** | 우체통, 우편함 | N5 |

学校の前にポストがあります。
학교 앞에 우체통이 있습니다.

| 1313 | **毎月** まいげつ | 매달, 매월 | N5 |

妹は毎月のようにかぜをひいています。
여동생은 매달같이 감기에 걸리고 있습니다.

| 1314 | **負ける** ま | 지다 ↔ 勝かつ 이기다 | N4 |

食べることにかけては、誰にも負けません。
먹는 거에 관해서는 누구에게도 지지 않습니다.

| 1315 | **マッチ** | 성냥 | N5 |

子供にマッチをあげないでください。
어린이에게 성냥을 주지 마세요.

| 1316 | **回る** まわ | 돌다 / 돌아다니다 | N4 |

風車が回っています。
풍차가 돌아가고 있습니다.

マンションを見て回っているが、なかなか決められなかった。
맨션을 보러 돌아다니고 있지만, 좀처럼 결정할 수 없었다.

| 1317 | **味噌**
 みそ | 된장 | N4 |

父はいつも、朝ごはんにご飯と味噌汁を食べます。
아버지는 항상 아침밥으로 밥과 된장국을 먹습니다.

| 1318 | **見つかる**
 み | 발견되다, 눈에 띄다 | N4 |

昨日なくした財布が見つかりました。
어제 잃어버린 지갑이 발견되었습니다.

大学を卒業したが、まだ仕事が見つからなくて困っています。
대학을 졸업했으나 아직 직장을 못 구해 애먹고 있습니다.

| 1319 | **見つける**
 み | 발견하다, 찾아내다 | N4 |

今朝の新聞で、おもしろい記事を見つけました。
오늘 아침 신문에서 재미있는 기사를 찾았습니다.

就職したら、いい相手を見つけて結婚したいです。
취직하면 좋은 상대를 찾아 결혼하고 싶습니다.

| 1320 | **緑**
 みどり | 녹색, 초록 / 숲, 자연 | N4 |

私は緑色が好きです。
저는 녹색을 좋아합니다.

この辺は緑が多くて、とても環境がいいです。
이 주변은 숲이 많아서 아주 환경이 좋습니다.

| 1321 | **皆/皆さん** (みな/みな) | 모두 / 여러분 = みんな | N4 |

最近は忙しくて、家族皆で食事する暇もないぐらいです。
요즘 바빠서, 가족 모두가 같이 밥먹을 짬도 없을 정도입니다.

皆さん、そろそろ時間ですよ。
여러분, 슬슬 시간이 되었습니다.

| 1322 | **港** (みなと) | 항구 | N4 |

船が港を出ているところを写真に撮りました。
배가 항구를 나가고 있는 모습을 사진으로 찍었습니다.

| 1323 | **向かう** (む) | 향하다 | N4 |

友人と自転車で図書館に向かう途中だった。
친구와 자전거로 도서관으로 향해 가는 도중이었다.

| 1324 | **虫** (むし) | 벌레, 곤충 | N5 |

庭で虫の鳴き声がします。
마당에서 벌레 우는 소리가 납니다.

| 1325 | **村** (むら) | 마을 | N5 |

ここは人口100人ぐらいの小さい村です。
이곳은 인구 100명 정도의 작은 마을입니다.

| 1326 | **申し上げる** (もう あ) | 「言う」의 겸손어 : 말씀드리다 | N5 |

心からお礼を申し上げます。
진심으로 감사드립니다.

| 1327 | **申す** (もう) | 「言う」의 겸손어 : 말씀드리다 | N5 |

私は斉藤と申します。
저는 사이토라고 합니다.

| 1328 | **もちろん** | 물론 | N4 |

最近は大人はもちろん、子供もケイタイを持っています。

요즘은 성인은 물론, 어린이도 휴대전화를 가지고 있습니다.

| 1329 | **木綿** もめん | 면 | N4 |

このズボンは木綿でできています。

이 바지는 면으로 만들어져 있습니다.

| 1330 | **門** もん | 문 | N5 |

前の門を開けておきました。

앞문을 열어 두었습니다.

| 1331 | **焼く** や | 굽다 | N4 |

肉は焼いて食べるのが好きです。

고기는 구워먹는 걸 좋아합니다.

| 1332 | **焼ける** や | 구워지다 | N5 |

お菓子が焼けたら、オーブンから出してください。

과자가 다 구워지면 오븐에서 꺼내 주세요.

| 1333 | **易しい** やさ | 쉽다 ↔ 難むずかしい 어렵다 | N5 |

もっと易しく説明してもらえませんか。

좀더 쉽게 설명해 주실 수 없을까요?

| 1334 | **やせる** | 야위다, 살 빠지다 ↔ 太ふとる 살찌다 | N4 |

ダイエットして5キロもやせましたが、また太りました。

다이어트해서 5킬로나 뺐습니다만 다시 살쪘습니다.

| 1335 | **柔らかい**
 やわ | 부드럽다 ↔ 固かたい 단단하다, 딱딱하다 | N4 |

祖父は歯が悪くて、柔らかいのしか食べられません。
할아버지는 이가 안 좋아서 부드러운 것밖에 못 먹습니다.

| 1336 | **輸出**
 ゆしゅつ | 수출 | N5 |

日本はいろいろな電気製品を外国に輸出しています。
일본은 다양한 전기제품을 외국에 수출하고 있습니다.

| 1337 | **輸入**
 ゆにゅう | 수입 | N4 |

日本は資源を外国から輸入しています。
일본은 자원을 외국에서 수입하고 있습니다.

| 1338 | **指**
 ゆび | 손가락 | N5 |

彼女の指は長くて細いです。
그녀의 손가락은 길고 가늡니다.

| 1339 | **指輪**
 ゆびわ | 반지 | N4 |

彼女は指に指輪をしています。
그녀는 손가락에 반지를 끼고 있습니다.

| 1340 | **用**
 よう | 볼일 | N4 |

その他ご用のある方は、5番をお押しください。
그 밖의 용건이 있으신 분은 5번을 눌러 주세요.

| 1341 | **予定**
 よてい | 예정 | N4 |

予定どおり、明日出発します。
예정대로 내일 출발하겠습니다.

| 1342 | **よろしい** | 「いい」의 정중한 표현 : 좋다, 괜찮다 | N4 |

もしよろしかったら、一緒に行きませんか。
만약 괜찮으시다면 함께 가지 않겠습니까?

| 1343 | **ラジカセ** | 카세트 라디오 | N5 |

日本語の授業でラジカセを使います。
일본어 수업에서 카세트 라디오를 사용합니다.

| 1344 | **両方** りょうほう | 양쪽 | N4 |

両方の意見を聞いてから決めましょう。
양쪽의 의견을 듣고나서 결정합시다.

| 1345 | **零** れい | 0 | N5 |

スコアは2対零になりました。
스코어는 2대 0이 되었습니다.

| 1346 | **冷房** れいぼう | 냉방 ↔ 暖房 だんぼう 난방 | N4 |

この部屋は冷房がなくて、夏は本当に大変です。
이 방은 냉방이 안돼서 여름에는 정말 고생스럽습니다.

| 1347 | **歴史** れきし | 역사 | N4 |

私は学生時代、歴史科目が大好きでした。
저는 학창시절, 역사 과목을 제일 좋아했습니다.

| 1348 | **レコード** | 레코드 | N5 |

最近レコードはほとんど使われなくなりました。
요즘, 레코드는 거의 안 쓰이게 되었습니다.

| 1349 | **レジ** | 계산대 | N4 |

買い物をして、レジでお金を払います。
쇼핑을 하고 계산대에서 돈을 지불합니다.

| 1350 | **レポート** | 리포트 | N4 |

レポートのしめきりは２０日です。
리포트 마감은 20일입니다.

| 1351 | **廊下** | 복도 | N4 |

ろうか

寮の廊下で走ってはいけません。
기숙사 복도에서 뛰면 안됩니다.

| 1352 | **ワープロ** | 워드프로세서 | N5 |

太郎君はワープロが打てますか。
다로 군은 워드프로세서를 칠 수 있습니까?

| 1353 | **若い** | 젊다 | N4 |

わか

若い時はお金がなくて、米も買えませんでした。
젊었을 때는 돈이 없어서 쌀도 살 수 없었습니다.

| 1354 | **わたくし** | 「わたし」의 정중한 표현 : 저 | N4 |

わたくしは富士工業の田村と申します。
저는 후지공업의 다무라라고 합니다.

| 1355 | **わりと** | 비교적 | N4 |

この仕事はわりと楽ですが、残業が多くて大変です。
이 일은 비교적 편하지만, 야근이 많아서 힘듭니다.

확인문제 9회

問題 1 밑줄 친 단어를 어떻게 읽는지 보기에서 고르세요.

1 私の家はなにもない<u>田舎</u>にあります。
   ① いなか   ② いなが   ③ たしゃ   ④ だしゃ

2 壁にペンキを<u>塗りました</u>。
   ① かりました   ② ぬりました
   ③ うりました   ④ すりました

問題 2 밑줄 친 단어를 어떻게 쓰는지 보기에서 고르세요.

3 弟に本を佐藤さんに<u>とどけ</u>に行くように頼みました。
   ① 泣け   ② 釣け   ③ 探け   ④ 届け

4 ここでタバコをすうことは、<u>ほうりつ</u>によって禁じられています。
   ① 方律   ② 法律   ③ 方率   ④ 法率

問題 3 괄호 안에 들어갈 알맞은 말을 고르세요.

5 行けない理由を(　　　)言ってください。
   ① なんとなく   ② しっかり
   ③ はっきり   ④ すっかり

6 きのうは隣の町へ行って、祭りを(　　　)してきました。
   ① すてき   ② けんぶつ
   ③ かっこう   ④ けっこう

정답 1① 2② 3④ 4② 5③ 6②

TEST

問題 4 다음 문장과 비슷한 의미의 문장을 고르세요.

7 この川はあさくて、子供たちがおよいでもあんぜんです。
   ① この川はあさくて、子供たちでなければはいれません。
   ② この川はあさくないので、子供たちでもだいじょうぶです。
   ③ この川はふかくないので、子供たちでもだいじょうぶです。
   ④ この川はふかくないので、子供たちでもあんしんできません。

8 来週試験なのに、うちの息子はちっとも勉強していません。
   ① 来週試験なのに、うちの息子はすこししか勉強していません。
   ② 来週試験なのに、うちの息子はもっと勉強していません。
   ③ 来週試験なのに、うちの息子はもうすこし勉強していません。
   ④ 来週試験なのに、うちの息子はぜんぜん勉強していません。

問題 5 다음 단어의 쓰임이 가장 올바른 것을 고르세요.

9 べつに
   ① 北海道へ、由美子さんとべつに行きたくなりました。
   ② その説には、べつに問題はないと思っています。
   ③ きのうはデパートへ行って、買い物をべつにしてしまいました。
   ④ 来週からはべつに忙しくなります。

10 わりと
   ① 授業はわりとおわっていません。
   ② 明日はちょっと忙しいが、わりと8時前には来るようにします。
   ③ この仕事はわりと簡単ですが、残業が多くて大変です。
   ④ 明日の誕生パーティーにわりと来てください。

* 물건 세는 법

	人 사람 (ひと)	つ ~개	個 ~개 (こ)	本 가늘고 긴 물건 (ほん)
1	ひとり	ひとつ	いっこ	いっぽん
2	ふたり	ふたつ	にこ	にほん
3	さんにん	みっつ	さんこ	さんぼん
4	よにん	よっつ	よんこ	よんほん
5	ごにん	いつつ	ごこ	ごほん
6	ろくにん	むっつ	ろっこ	ろっぽん
7	しちにん	ななつ	ななこ	ななほん
8	はちにん	やっつ	はっこ	はっぽん
9	きゅうにん	ここのつ	きゅうこ	きゅうほん
10	じゅうにん	とお	じゅっこ	じゅっぽん
몇	なんにん	いくつ	なんこ	なんぼん

	枚 ~장 (まい)	回 ~회 (かい)	階 ~층 (かい)	軒 ~채 (けん)
1	いちまい	いっかい	いっかい	いっけん
2	にまい	にかい	にかい	にけん
3	さんまい	さんかい	さんがい	さんげん
4	よんまい	よんかい	よんかい	よんけん
5	ごまい	ごかい	ごかい	ごけん
6	ろくまい	ろっかい	ろっかい	ろっけん
7	ななまい	ななかい	ななかい	ななけん
8	はちまい	はっかい	はっかい(はちかい)	はっけん
9	きゅうまい	きゅうかい	きゅうかい	きゅうけん
10	じゅうまい	じゅっかい	じゅっかい	じっけん
몇	なんまい	なんかい	なんがい	なんげん

	台 ~대 (だい)	冊 ~권 (さつ)	匹 ~마리 (ひき)	杯 ~잔 (はい)
1	いちだい	いっさつ	いっぴき	いっぱい
2	にだい	にさつ	にひき	にはい
3	さんだい	さんさつ	さんびき	さんばい
⋮	⋮	⋮	⋮	⋮
6	ろくだい	ろくさつ	ろっぴき	ろっぱい
⋮	⋮	⋮	⋮	⋮
10	じゅうだい	じゅっさつ	じっぴき	じっぱい
몇	なんだい	なんさつ	なんびき	なんばい

찾아보기

* 표시는 N5

あ

あ[感動詞]	1066
ああ[指示詞]	1067
あいさつ(挨拶)・する	325
あいだ(間)	510
あう(合う)	1068
*あう(会う)	87
*あお(青)	870
*あおい(青い)	88
*あか(赤)	1069
*あかい(赤い)	89
あかちゃん(赤ちゃん)	871
あがる(上がる)	1070
あかるい(明るい)	27
あかんぼう(赤ん坊)	511
*あき(秋)	202
*あく(開く)	512
あく(空く)	1071
アクセサリー	1072
*あける(開ける)	50
*あげる「手を上げる」	328
あげる「お祝いをあげる」	326
*あさ(朝)	51
あさい(浅い)	1073
*あさごはん(朝御飯)	872
*あさって(明後日)	513
*あし(足)	514
あじ(味)	329
アジア	873
*あした(明日)	203
*あそこ	330
あそび(遊び)	515
*あそぶ(遊ぶ)	516
*あたたかい(暖かい)	90
*あたま(頭)	517
*あたらしい(新しい)	91
*あちら	518
*あつい(暑い)	92
*あつい(熱い)	1074
*あつい(厚い)	1075
*あっち	519
あつまる(集まる)	204
あつめる(集める)	205
*あと(後)	28
アナウンサー	874
*あなた	875
*あの[指示詞]	93
*あの[感動詞]	94
*アパート	520
*あびる「水をあびる」	521
*あぶない(危ない)	522
アフリカ	1076
*あまい(甘い)	206
*あまり[副詞]	52
*あめ(雨)	95
*あめ(飴)	1077
アメリカ	876
あやまる(謝る)	331
*あらう(洗う)	96
*ある[存在]	1
*あるく(歩く)	29
アルコール	1078
アルバイト	207
*あれ[指示詞]	1079
あんしん(安心)・する	208
あんぜん(安全)	209

※ 표시는 N5

あんな	523	※ いっしょ(一緒)	335
あんない(案内)・する	524	いっしょうけんめい(一生懸命)	334
		いっぱい[副詞]	536

い

※ いい/よい	53	※ いつも	212
※ いいえ	525	いと(糸)	1083
※ いう(言う)	97	いない(以内)	1084
※ いえ(家)	98	いなか(田舎)	1085
いか(以下)	1080	※ いぬ(犬)	336
いがい(以外)	210	いのる(祈る)	537
※ いかが	99	※ いま(今)	337
いがく(医学)	526	※ いみ(意味)	213
いきる(生きる)	1081	いや(嫌)	879
※ いく/ゆく(行く)	4	いらっしゃる	105
※ いくつ	527	※ いりぐち(入り口)	338
※ いくら	100	※ いる(居る)	2
いくら〜ても	100	※ いる(要る)	3
※ いけ(池)	528	※ いれる(入れる)	106
いけん(意見)	332	※ いろ(色)	214
いし(石)	1082	※ いろいろ	539
いじめる	529	〜いん(〜員)	1086
※ いしゃ(医者)	101		
いじょう(以上)	211		

う

※ いす	877	※ うえ(上)	339
※ いそがしい(忙しい)	102	うえる(植える)	1087
いそぐ(急ぐ)	333	うかがう「お宅に伺う」	540
※ いたい(痛い)	530	うかがう「先生に伺う」	540
いたす(致す)	531	うけつけ(受付)	880
いただく	103	うける(受ける)	340
いちど(一度)	104	うごく(動く)	541
※ いちにち(一日)	532	※ うしろ(後ろ)	341
※ いちばん(一番)	878	※ うすい(薄い)	543
※ いつ	533	うそ	881

267

* うた(歌)	215
* うたう(歌う)	342
* うち「わたしのうち」	107
うち「この二つのうち」	544
うつ(打つ)	1088
うつくしい(美しい)	545
うつす(写す)	216
うつる(移る)	1089
うで(腕)	1090
うまい	546
* うまれる(生まれる)	54
* うみ(海)	217
うら(裏)	1091
うりば(売り場)	343
* うる(売る)	108
* うるさい	547
うれしい(嬉しい)	548
* うわぎ(上着)	549
うん[応答]	882
うんてんしゅ(運転手)	345
うんてん(運転)・する	344
うんどう(運動)・する	346

え

* え(絵)	347
* えいが(映画)	218
* えいがかん(映画館)	219
* えいご(英語)	348
* ええ	883
* えき(駅)	109
エスカレーター	349
えだ(枝)	1092
えらぶ(選ぶ)	1093

* エレベーター	350
* えん(円)	220
* えんぴつ(鉛筆)	884
えんりょ(遠慮)・する	351

お

* お〜[接頭辞]	885
* おいしい	221
おいでになる	550
おいわい(お祝い)	551
* おおい(多い)	110
* おおきい(大きい)	111
* おおぜい(大勢)	352
オートバイ	887
オーバー(overcoat)	1094
おかげ	112
* おかし(お菓子)	552
おかしい	1095
* おかね(お金)	222
〜おき	553
* おきる(起きる)	113
* おく(置く)	55
おく(億)	1096
おくじょう(屋上)	554
おくりもの(贈り物)	555
おくる(送る)	114
おくれる(遅れる)	223
おこさん(お子さん)	886
おこす(起こす)	354
おこなう(行う)	556
おこる(怒る)	1097
* おさけ(お酒)	888
* おさら(お皿)	889

おしいれ(押し入れ)	1098
* おしえる(教える)	224
おじょうさん(お嬢さん)	558
* おす(押す)	355
* おそい(遅い)	356
おたく(お宅)	559
* おちゃ(お茶)	357
おちる(落ちる)	890
おっしゃる	560
おつり(お釣り)	1099
* おてあらい(お手洗い)	561
おと(音)	891
* おとこ(男)	115
* おとこのこ(男の子)	892
おとす(落とす)	1100
* おととい	358
* おととし	562
* おとな(大人)	563
おどり(踊り)	1101
おどる(踊る)	1102
おどろく(驚く)	564
* おなか	893
* おなじ(同じ)	359
* おふろ(御風呂)	894
* おべんとう(お弁当)	895
* おぼえる(覚える)	565
おまつり(お祭り)	1103
* おまわりさん(お巡りさん)	1104
おみまい(お見舞い)	567
おみやげ(お土産)	568
* おもい(重い)	896
おもいだす(思い出す)	226
おもう(思う)	227
* おもしろい(面白い)	116
おもちゃ	1105
おもて(表)	1106
おや[感動詞]	1107
* およぐ(泳ぐ)	117
* おりる(降りる)	363
おりる(下りる)	1108
おる[「いる」の謙譲語]	571
おる(折る)	1109
おれい(お礼)	572
おれる(折れる)	1110
おわり(終わり)	30
* おわる(終わる)	30
～おわる(～終わる)	30
* おんがく(音楽)	364
* おんな(女)	228
* おんなのこ(女の子)	897

か

～か(～家)	1111
カーテン	1112
～かい(～会)	898
かいがん(海岸)	1113
かいぎ(会議)	573
かいぎしつ(会議室)	574
* がいこく(外国)	121
* がいこくじん(外国人)	122
* かいしゃ(会社)	229
かいじょう(会場)	1114
* かいだん(階段)	899
* かいもの(買い物)	575
かいわ(会話)	576
* かう(買う)	5

* かえす(返す)	230
* かえる(帰る)	6
かえる(変える)	1115
* かお(顔)	577
かがく(科学)	1116
かがみ(鏡)	579
* かかる「時間がかかる」	578
* かぎ(鍵)	900
* かく(書く)	7
* がくせい(学生)	375
〜がくぶ(〜学部)	1129
* 〜かげつ(〜か月)	901
* かける「眼鏡をかける」	365
* かける「電話をかける」	365
かける「壁に絵を掛ける」	365
かける「いすに腰をかける」	365
かける「親に心配をかける」	365
* かさ(傘)	580
かざる(飾る)	581
かじ(火事)	1117
* かす(貸す)	118
ガス	1130
* かぜ(風)	582
* かぜ(風邪)	231
* かぞく(家族)	119
ガソリン	1131
ガソリンスタンド	592
かた「読み方」	56
* かた「この方」	56
かたい(堅/硬/固い)	1118
* かたかな(片仮名)	902
かたち(形)	1119
かたづける(片付ける)	903
かちょう(課長)	1120
かつ(勝つ)	1121
* 〜がつ(〜月)	910
かっこう(格好)	1122
* がっこう(学校)	123
* カップ	1123
* かてい(家庭)	1124
* かど(角)	904
かなしい(悲しい)	583
* かならず(必ず)	367
かねもち/おかねもち(お・金持ち)	1125
かのじょ(彼女)	1126
* かばん	584
* かびん(花瓶)	905
* かぶる	585
かべ(壁)	906
* かみ(紙)	368
かみ(髪)	369
かむ	907
* カメラ	232
かよう(通う)	233
* からい(辛い)	586
ガラス	1132
* からだ(体)	587
* かりる(借りる)	31
* 〜がる	235
* かるい(軽い)	588
かれ(彼)	908
かれら(彼ら)	1127
* カレンダー	589
* かわ(川/河)	371
* 〜がわ(〜側)	593

* 표시는 N5

* かわいい	909
かわく(乾く)	590
かわり(代わり)・に	370
かわる(変わる)	372
かんがえる(考える)	234
かんけい(関係)	1128
かんごふ(看護婦)	373
* かんじ(漢字)	591
かんたん(簡単)	374
がんばる(頑張る)	1133

き

* き(木)	594
き(気)	595
* きいろ(黄色)	911
* きいろい(黄色い)	912
* きえる(消える)	596
きかい(機械)	597
きかい(機会)	376
* きく(聞く)	32
きけん(危険)	377
きこえる(聞こえる)	913
きしゃ(汽車)	1134
ぎじゅつ(技術)	612
きせつ(季節)	598
きそく(規則)	599
* きた(北)	236
* ギター	381
* きたない(汚い)	237
* きっさてん(喫茶店)	378
* きって(切手)	238
きっと	914
* きっぷ(切符)	915
きぬ(絹)	1135
* きのう(昨日)	58
きびしい(厳しい)	600
きぶん(気分)	601
きまる(決まる)	1136
きみ(君)	1137
きめる(決める)	1138
きもち(気持ち)	602
きもの(着物)	603
きゃく(客)	379
きゅう(急)	239
きゅうこう(急行)	604
* ぎゅうにく(牛肉)	1142
* ぎゅうにゅう(牛乳)	917
* きょう(今日)	605
きょういく(教育)	1139
きょうかい(教会)	1140
* きょうしつ(教室)	240
きょうそう(競争)・する	1141
* きょうだい(兄弟)	606
きょうみ(興味)	916
* きょねん(去年)	124
* きらい(嫌い)	380
* きる(切る)	607
* きる(着る)	608
* きれい	33
* キロ(グラム)	609
* キロ(メートル)	610
* ぎんこう(銀行)	125
きんじょ(近所)	611

く

く(～区)	1143

271

ぐあい(具合)	921
くうき(空気)	613
くうこう(空港)	382
くさ(草)	1144
*くすり(薬)	614
くださる	9
*くだもの(果物)	383
*くち(口)	1145
*くつ(靴)	615
*くつした(靴下)	1146
*くに(国)	384
くび(首)	616
くも(雲)	1147
*くもり(曇)	1148
*くもる(曇る)	918
*くらい(暗い)	241
*〜くらい/ぐらい	385
*クラス	919
くらべる(比べる)	617
*グラム	1149
*くる(来る)	59
*くるま(車)	126
くれる	60
くれる(暮れる)	618
*くろ(黒)	1150
*くろい(黒い)	386
〜くん(〜君)	920

け

け「髪の毛」	1151
け「毛のセーター」	1151
けいかく(計画)・する	127
けいかん(警官)	619
けいけん(経験)・する	242
けいざい(経済)	1153
けいさつ(警察)	1152
ケーキ	922
けが(怪我)・する	923
*けさ(今朝)	924
けしき(景色)	1154
けしゴム(消しゴム)	1155
げしゅく(下宿)・する	1159
*けす(消す)	620
*けっこう(結構)	621
*けっこん(結婚)・する	622
けっして(決して)	1156
〜けれど/けれども	925
けん(県)	623
げんいん(原因)	1160
けんか・する	1157
*げんかん(玄関)	624
*げんき(元気)	130
けんきゅう(研究)・する	128
けんきゅうしつ(研究室)	129
けんぶつ(見物)・する	1158

こ

こ(子)	131
*〜こ(〜個)	625
ご〜(御〜)	936
*〜ご(〜語)	937
こう[指示詞]	627
*こうえん(公園)	243
こうがい(郊外)	1161
こうぎょう(工業)	387
こうこう(高校)/こうとうがっこう	

*표시는 N5

(高等学校)	1162
こうこうせい(高校生)	1163
こうさてん(交差点)	1164
こうじょう(工場)	244
*こうちゃ(紅茶)	388
こうちょう(校長)	628
こうつう(交通)	629
こうどう(講堂)	1165
*こうばん(交番)	926
こうむいん(公務員)	1166
*こえ(声)	630
*コート	927
コーヒー	250
こくさい(国際)	1167
*ここ[指示詞]	245
*ごご(午後)	134
こころ(心)	1168
～ございます	643
こしょう(故障)・する	246
*ごぜん(午前)	251
ごぞんじ(ご存じ)	644
こたえ(答え)	631
*こたえる(答える)	632
ごちそう	928
*こちら	389
*こっち	929
*コップ	930
こと	10
*ことし(今年)	248
*ことば(言葉)	633
*こども(子供)	249
ことり(小鳥)	1169
*この	34
このあいだ(この間)	634
*ごはん(御飯)	252
*コピー・する	1170
こまかい(細かい)	1171
*こまる(困る)	635
ごみ	1172
こむ(込む)	390
こめ(米)	636
ごらんになる(ご覧になる)	646
*これ	132
これから	637
*～ころ/ごろ	61
こわい(怖い)	640
こわす(壊す)	931
こわれる(壊れる)	932
*こんげつ(今月)	391
コンサート	392
*こんしゅう(今週)	641
こんど(今度)	133
*こんな	933
*こんばん(今晩)	934
コンピューター/コンピュータ	935
こんや(今夜)	642

さ

*さあ[感動詞]	1173
*～さい(～歳)	938
さいきん(最近)	647
さいご(最後)	648
さいしょ(最初)	1174
さいふ(財布)	939
さか(坂)	1175

さがす(探す)	940	
*さかな(魚)	135	
さがる(下がる)	649	
さかん(盛ん)	393	
*さき(先)	394	
*さく(咲く)	941	
*さくぶん(作文)	650	
さげる(下げる)	1176	
さしあげる(差し上げる)	1177	
*さす「傘をさす」	651	
さっき	942	
*ざっし(雑誌)	659	
*さとう(砂糖)	943	
さびしい(寂しい)	397	
～さま(～様)	944	
*さむい(寒い)	136	
さらいげつ(再来月)	1178	
さらいしゅう(再来週)	653	
*さらいねん(再来年)	654	
サラダ	1179	
さわぐ(騒ぐ)	945	
さわる(触る)	655	
*～さん	946	
さんぎょう(産業)	656	
サンダル	657	
サンドイッチ	1180	
ざんねん(残念)	398	
*さんぽ(散歩)・する	658	

し

し(市)	1181
じ(字)	954
*～じ(～時)	261
しあい(試合)	660
*しお(塩)	947
*しかし	948
しかた(仕方)	399
しかる(叱る)	1182
*じかん(時間)	65
～しき(～式)	949
しけん(試験)	400
じこ(事故)	955
*しごと(仕事)	63
*じしょ(辞書)	145
じしん(地震)	1191
*しずか(静か)	11
*した(下)	401
じだい(時代)	673
したぎ(下着)	1183
したく(支度)・する	950
しっかり	661
しっぱい(失敗)・する	253
*しつもん(質問)・する	254
しつれい(失礼)・する	138
じてん(辞典)	1192
*じてんしゃ(自転車)	262
*じどうしゃ(自動車)	956
しなもの(品物)	139
*しぬ(死ぬ)	255
しばらく	1184
*じびき(字引)	1193
*じぶん(自分)	406
しま(島)	1185
(～て)しまう	662
*しまる(閉まる)	140
しみん(市民)	663

표시는 N5

じむしょ(事務所)	957
しめる(閉める)	141
*しめる(締める)	951
*じゃ/じゃあ[感動詞]	958
しゃかい(社会)	402
*しゃしん(写真)	403
しゃちょう(社長)	664
*シャツ	665
じゃま(邪魔)	674
ジャム	1198
*シャワー	1186
*〜じゅう(〜中)	432
じゆう(自由)	1194
しゅうかん(習慣)	666
じゅうしょ(住所)	146
じゅうどう(柔道)	1195
じゅうぶん(十分)	263
*じゅぎょう(授業)	407
*しゅくだい(宿題)	667
しゅっせき(出席)・する	404
しゅっぱつ(出発)・する	668
しゅみ(趣味)	405
じゅんび(準備)・する	675
しょうかい(紹介)・する	1187
しょうがつ(正月)	557
しょうがっこう(小学校)	1188
*じょうず(上手)	147
しょうせつ(小説)	669
しょうたい(招待)・する	670
しょうち(承知)・する	1189
*じょうぶ(丈夫)	148
*しょうゆ	952
しょうらい(将来)	671

しょくじ(食事)・する	256
*しょくどう(食堂)	142
しょくりょうひん(食料品)	672
じょせい(女性)	1196
しらせる(知らせる)	953
しらべる(調べる)	257
*しる(知る)	64
*しろ(白)	1190
*しろい(白い)	258
*〜じん(〜人)	82
じんこう(人口)	264
じんじゃ(神社)	1197
しんせつ(親切)	259
しんぱい(心配)・する	260
*しんぶん(新聞)	143
しんぶんしゃ(新聞社)	144

す

すいえい(水泳)	676
すいどう(水道)	678
ずいぶん	961
*すう(吸う)	679
すうがく(数学)	1199
スーツ	1200
スーツケース	680
スーパー(マーケット)	1201
*スカート	681
*すき(好き)	66
すぎる(過ぎる)	67
〜すぎる	68
すく「おなかが空く」	962
すく「空いた電車」	962
*すくない(少ない)	683

*すぐ・に	409
すごい	960
*すこし(少し)	149
*すずしい(涼しい)	265
すすむ(進む)	1202
*〜ずつ	1207
すっかり	684
ずっと	413
ステーキ	1203
すてる(捨てる)	685
ステレオ	1204
*ストーブ	410
すな(砂)	1205
すばらしい	411
*スプーン	963
すべる(滑る)	686
*スポーツ	688
*ズボン	692
すみ(隅)	687
*すむ(住む)	150
すむ(済む)	412
*スリッパ	1206
*する[行う]	12
すると	689
*すわる(座る)	690

せ

*せ(背)	693
〜せい(〜製)	694
せいかつ(生活)・する	1208
せいさん(生産)・する	1209
せいじ(政治)	1210
*せいと(生徒)	964

せいよう(西洋)	1211
*セーター	965
せかい(世界)	151
せき(席)	695
*せっけん	696
せつめい(説明)	697
せなか(背中)	1212
ぜひ	416
*せびろ(背広)	966
*せまい(狭い)	698
*ゼロ	1213
せわ(世話)・する	699
せん(線)	1214
*せんげつ(先月)	1215
*せんしゅう(先週)	414
*せんせい(先生)	266
ぜんぜん(全然)	967
せんそう(戦争)・する	1216
*せんたく(洗濯)・する	415
せんぱい(先輩)	700
*ぜんぶ(全部)	702
せんもん(専門)	701

そ

*そう「はい、そうです」	703
そう[指示詞]	703
*そうじ(掃除)・する	417
*そうして/そして	705
そうだん(相談)・する	267
*そこ[指示詞]	704
そだてる(育てる)	968
*そちら	706
そつぎょう(卒業)・する	969

* 표시는 N5

* そっち	1217
* そと(外)	268
* その[連体詞]	152
* そば「窓のそば」	970
ソフト	1218
* そら(空)	269
* それ[指示詞]	971
* それから	707
それで	972
* それでは	708
それに	710
それほど	711
そろそろ	418
そんな	973
そんなに	974

た

～だい(～代)	425
たいいん(退院)・する	270
* だいがく(大学)	155
だいがくせい(大学生)	719
だいじ(大事)	279
* たいしかん(大使館)	271
* だいじょうぶ(大丈夫)	720
* だいすき(大好き)	1230
* たいせつ(大切)	272
だいたい	721
たいてい(大抵)	712
* だいどころ(台所)	722
タイプ	1219
だいぶ [副詞]	1231
たいふう(台風)	713
* たいへん[副詞]	
「たいへん大きい」	273
* たいへん「それはたいへんだ」	273
たおれる(倒れる)	1220
* たかい「背が高い」	153
* たかい「値段が高い」	153
だから[接続詞]	723
* たくさん	714
* タクシー	419
* ～だけ	978
たしか(確か)	1221
たす(足す)	1222
* だす(出す)	15
～だす	15
たずねる(訪ねる)	275
たずねる(尋ねる)	274
ただしい(正しい)	420
たたみ(畳)	1223
* ～たち	975
* たつ(立つ)	154
たて(縦)	1224
～だて(～建て)	1232
* たてもの(建物)	276
たてる(立てる)	1225
たてる(建てる)	715
たとえば(例えば)	1226
たな(棚)	1227
* たのしい(楽しい)	277
たのしみ(楽しみ)	716
たのしむ(楽しむ)	1228
* たのむ(頼む)	1229
* たばこ(煙草)	976
* たぶん	421
* たべもの(食べ物)	717

* たべる(食べる)	14
* たまご(卵)	977
たまに	422
〜ため	36
だめ	724
たりる(足りる)	278
* だれ(誰)	69
* だれか(誰か)	70
* たんじょうび(誕生日)	424
だんせい(男性)	1233
* だんだん	427
だんぼう(暖房)	428

ち

ち(血)	1234
* ちいさい(小さい)	37
* ちいさな(小さな)	37
チェック・する	1235
* ちかい(近い)	725
* ちがう(違う)	281
* ちかく(近く)	280
* ちかてつ(地下鉄)	429
ちから(力)	430
* ちず(地図)	431
ちっとも	1236
* ちゃいろ(茶色)	282
* ちゃわん	1237
〜ちゃん	979
* 〜ちゅう(〜中)	432
ちゅうい(注意)・する	283
ちゅうし(中止)・する	727
ちゅうしゃ(注射)・する	980
ちゅうしゃじょう(駐車場)	726

ちょう(町)	1238
* ちょうど	728
* ちょっと	982
ちり(地理)	729

つ

〜(に)ついて	983
* つかう(使う)	156
* つかまえる(捕まえる)	1239
* つかれる(疲れる)	730
つき「月と太陽」	1240
* つぎ(次)	984
* つく(着く)	157
つく「電灯が点く」	1241
* つくえ(机)	985
* つくる(作る)	158
* つける「電灯を点ける」	433
つける「気をつける」	595
つける(漬ける)	1242
つごう(都合)	731
つたえる(伝える)	434
つづく(続く)	1243
つづける(続ける)	435
〜つづける(〜続ける)	435
つつむ(包む)	732
* つとめる(勤める)	436
* つまらない	733
* つめたい(冷たい)	734
つもり	38
* つよい(強い)	284
つる(釣る)	986
つれる(連れる)	735

*표시는 N5

て

* て(手)	736
ていねい(丁寧)	737
* テープ	987
* テープレコーダー	740
* テーブル	739
* でかける(出かける)	160
* てがみ(手紙)	159
テキスト	1244
てきとう(適当)	738
* できる「英語ができる」	744
できる「銀行ができる」	745
できるだけ	746
* でぐち(出口)	747
* テスト	741
てつだう(手伝う)	988
テニス	742
* では[感動詞]	993
* デパート	748
てぶくろ(手袋)	1245
てら(寺)	989
* でる(出る)	72
* テレビ	990
てん(点)	991
てんいん(店員)	285
* てんき(天気)	39
* でんき(電気)	73
てんきよほう(天気予報)	992
* でんしゃ(電車)	437
でんとう(電灯)	1246
でんぽう(電報)	1247
てんらんかい(展覧会)	743
* でんわ(電話)	161

と

* と(戸)	1248
と(都)	1249
* ～ど(～度)	996
* ドア	441
* トイレ	749
* どう[副詞]	166
どうぐ(道具)	1257
* どうして	291
* どうぞ	443
とうとう	1250
* どうぶつ(動物)	759
どうぶつえん(動物園)	760
* どうも	997
* とおい(遠い)	750
とおく(遠く)	751
とおり(通り)	752
とおる(通る)	753
* ～とき(～時)	439
* ときどき(時々)	286
とくに(特に)	287
とくべつ(特別)	754
* とけい(時計)	288
* どこ	74
とこや(床屋)	440
* ところ	16
* とし(年)	1251
* としょかん(図書館)	162
とちゅう(途中)	1252
* どちら	167
とっきゅう(特急)	755
* どっち	761
* とても	756

とどける(届ける)	1253
* どなた	762
* となり(隣)	995
* どの「どの人」	17
* とぶ(飛ぶ)	757
とまる(止まる)	289
* とまる(泊まる)	1254
とめる(止める)	290
* ともだち(友達)	163
* とり(鳥)	164
とりかえる(取り替える)	1255
* とりにく	1256
* とる(取る)	758
* とる(撮る)	165
* どれ	292
どろぼう(泥棒)	1258
どんどん	444
* どんな	75

な

* ない	293
* ナイフ	445
なおす(直す)	446
なおる(直る)	447
なおる(治る)	448
* なか(中)	169
* ながい(長い)	170
なかなか	998
* 〜ながら	18
* なく(鳴く)	1259
なく(泣く)	999
* なくす(無くす)	1260
なくなる(無くなる)	1261
なくなる(亡くなる)	1000
なげる(投げる)	1262
* なぜ	1001
* なつ(夏)	449
* なつやすみ(夏休み)	1002
* 〜など	765
* なに/なん(何)	41
* なまえ(名前)	450
* ならう(習う)	40
* ならぶ(並ぶ)	766
* ならべる(並べる)	767
* なる「〜になる」	19
なる(鳴る)	1003
なるべく	294
なるほど	1263
なれる(慣れる)	768

に

におい	1004
にがい(苦い)	769
* にぎやか	172
* にく(肉)	1005
〜にくい	173
にげる(逃げる)	1264
* にし(西)	295
* 〜にち(〜日)	792
にっき(日記)	1265
* にもつ(荷物)	772
にゅういん(入院)・する	296
にゅうがく(入学)・する	452
* ニュース	1006
にる(似る)	773
* にわ(庭)	297

*표시는 N5

にんぎょう(人形) 1007

ぬ

* ぬぐ(脱ぐ) 453
  ぬすむ(盗む) 1008
  ぬる(塗る) 1266
  ぬるい(温い) 1267
  ぬれる(濡れる) 1268

ね

* ネクタイ 454
* ねこ(猫) 1009
  ねだん(値段) 1010
  ねつ(熱) 775
  ねっしん(熱心) 1269
  ねぼう(寝坊) 1270
  ねむい(眠い) 455
  ねむる(眠る) 776
* ねる(寝る) 174
* 〜ねん(〜年) 777

の

* ノート 1011
  のこる(残る) 456
  のど(喉) 778
* のぼる(登る) 779
* のみもの(飲み物) 457
* のむ(飲む) 22
  のりかえる(乗り換える) 780
  のりもの(乗り物) 1271
* のる(乗る) 298

は

* は(歯) 1012
* は(葉) 1013
  ばあい(場合) 1278
  パート(タイム) 1281
* はい[感動詞] 458
* 〜はい(〜杯) 1272
  〜ばい(〜倍) 1279
  はいけん(拝見)・する 459
* はいざら(灰皿) 1273
  はいしゃ(歯医者) 781
* はいる(入る) 43
* はがき(葉書) 1014
  〜ばかり 1018
* はく「ズボンを履く」 299
  「靴を履く」 299
* はこ(箱) 1015
  はこぶ(運ぶ) 460
* はし(橋) 782
  はし「箸で食べる」 1016
* はじまる(始まる) 77
* はじめ(初め) 783
* はじめて(初めて) 462
  はじめる(始める) 78
  〜はじめる(〜始める) 79
  ばしょ(場所) 787
* はしる(走る) 461
  〜はず 80
* バス 788
  はずかしい(恥ずかしい) 463
  パソコン 1282
* バター 1019
* はたち(二十/二十歳) 1017

281

*	はたらく(働く)	175		ひかり(光)	794
	はつおん(発音)	464		ひかる(光る)	793
	はっきり	1274		ひきだし(引き出し)	471
*	はな(花)	300	*	ひく(引く)	472
*	はな(鼻)	465	*	ひく(弾く)	473
*	はなし(話)	177	*	ひくい(低い)	1285
*	はなす(話す)	176		ひげ	1286
	はなみ(花見)	784		ひこうき(飛行機)	795
	パパ	1283		ひこうじょう(飛行場)	1287
*	はやい(早い)	44		ひさしぶり(久しぶり)	474
*	はやい(速い)	44		びじゅつかん(美術館)	304
	はやし(林)	1275		ひじょうに(非常に)	1288
	はらう(払う)	785	*	ひだり(左)	179
*	はる(春)	178		びっくりする	1292
	はる「切手を貼る」	301		ひっこす(引っ越す)	475
	はれ(晴れ)	1276		ひつよう(必要)	797
	はれる(晴れる)	466	*	ひと(人)	81
*	～ばん(～番)	1280		ひどい	799
*	パン	1020	*	ひとり(一人)	798
*	ハンカチ	467	*	ひま(暇)	476
	ばんぐみ(番組)	790	*	びょういん(病院)	181
	ばんごう(番号)	1021	*	びょうき(病気)	477
	ばんごはん(晩御飯)	1022		ひらがな(平仮名)	1289
	はんたい(反対)・する	468		ひらく(開く)	1290
	ハンバーグ	1277	*	ひる(昼)	800
*	はんぶん(半分)	469		ビル	806
			*	ひるごはん(昼御飯)	801
				ひるま(昼間)	1291
				ひるやすみ(昼休み)	803
			*	ひろい(広い)	180
				ひろう(拾う)	804

ひ

	ひ(日)	791
	ひ(火)	1284
	ピアノ	1023
	ひえる(冷える)	470
*	ひがし(東)	303

ふ

* フィルム	1293
* ふうとう(封筒)	1024
* プール	481
ふえる(増える)	182
* フォーク	1025
ふかい(深い)	478
* ふく(吹く)	183
* ふく(服)	479
ふくざつ(複雑)	807
ふくしゅう(復習)	1294
* ぶたにく(豚肉)	1296
ぶちょう(部長)	1297
ふつう(普通)	1026
* ふとい(太い)	808
ぶどう	1298
ふとる(太る)	809
ふとん(布団)	1295
ふね(舟/船)	1027
ふべん(不便)	305
ふむ(踏む)	1028
* ふゆ(冬)	480
* ふる(降る)	1029
* ふるい(古い)	184
プレゼント	810
* ふろ(風呂)	894
* 〜ふん(〜分)	306
ぶんか(文化)	1299
ぶんがく(文学)	811
* ぶんしょう(文章)	1300
ぶんぽう(文法)	1301

へ

* ページ	813
* へた(下手)	1302
べつ(別)に	1303
* ベッド	1304
* ペット	814
* へや(部屋)	185
ベル	1030
* へん(辺)	1031
へん(変)	1032
* ペン	1033
* べんきょう(勉強)・する	83
へんじ(返事)・する	812
* べんり(便利)	307

ほ

* ほう「〜より〜のほうが〜」	308
ぼうえき(貿易)	818
* ぼうし(帽子)	819
ほうそう(放送)・する	1305
ほうりつ(法律)	1306
* ボールペン	820
* ほか	1307
ぼく(僕)	1311
* ポケット	483
ほし(星)	1308
* ほしい(欲しい)	482
* ポスト	1312
* ほそい(細い)	815
* ボタン	1036
* ホテル	1034
〜ほど	310
ほとんど	309

ほめる(褒める)	816
* ほん(本)	186
* ～ほん(～本)	1309
* ほんだな(本棚)	1035
* ほんとう(本当)	817
ほんやく(翻訳)・する	1310

ま

* まいあさ(毎朝)	484
* まいげつ/まいつき(毎月)	1313
* まいしゅう(毎週)	821
* まいにち(毎日)	187
* まいねん/まいとし(毎年)	1037
* まいばん(毎晩)	1038
まいる(参る)	485
* まえ(前)	23
* ～まえ(～前)	23
* まがる(曲がる)	822
まける(負ける)	1314
まじめ(真面目)	487
まず	1039
* まずい	823
* また	1040
* まだ	45
または	824
* まち(町)	188
まちがえる(間違える)	825
* まつ(待つ)	84
* まっすぐ・に	826
* マッチ	1315
* まど(窓)	1041
まにあう(間に合う)	311
～まま	46

* まるい(丸い/円い)	1042
まわり(周り)	1043
まわる(回る)	1316
* まん(万)	1044
まんが(漫画)	1045
まんなか(真ん中)	1046
* まんねんひつ(万年筆)	1047

み

みえる(見える)	189
* みがく(磨く)	312
* みぎ(右)	190
* みじかい(短い)	488
* みず(水)	191
みずうみ(湖)	1048
* みせ(店)	192
* みせる(見せる)	828
みそ「味噌汁」	1317
* みち(道)	829
みつかる(見つかる)	1318
みつける(見つける)	1319
* みどり(緑)	1320
みな(皆)	1321
* みなさん(皆さん)	1321
みなと(港)	1322
* みなみ(南)	313
* みみ(耳)	830
* みる(見る)	47
* みんな	1049

む

むかう(向かう)	1323
むかえる(迎える)	831

* 표시는 N5

むかし(昔)	1050
* むこう(向こう)	1051
むし(虫)	1324
* むずかしい(難しい)	314
むすこ(息子)・さん	1052
* むら(村)	1325
むり(無理)	490

め

* め(目)	832
～め(～目)	833
* メートル	834
* めがね(眼鏡)	835
めしあがる(召し上がる)	491
めずらしい(珍しい)	492

も

* もう「もう終わった」	493
* もう「もう一つ」	493
もうしあげる(申し上げる)	1326
もうす(申す)	1327
もうすぐ	315
もし	1053
* もしもし	1054
もちろん	1328
* もつ(持つ)	193
* もっと	494
もどる(戻る)	495
* もの(物)	496
もめん(木綿)	1329
もらう	316
もり(森)	836
* もん(門)	1330

* もんだい(問題)	837

や

～や(～屋)	838
* やおや(八百屋)	839
やく(焼く)	1331
やくそく(約束)・する	840
やくにたつ(役に立つ)	841
やける(焼ける)	1332
* やさい(野菜)	194
* やさしい(易しい)	1333
やさしい(優しい)	842
* やすい(安い)	195
～やすい	48
* やすみ(休み)	318
* やすむ(休む)	196
やせる	1334
やっと	843
やはり/やっぱり	1055
* やま(山)	197
やむ「雨/風が止む」	845
やめる「たばこを止める」	497
* やる[「する」の意味]	1056
やる[「あげる」の意味]	1057
やわらかい(柔らかい)	1335

ゆ

ゆ(湯)	570
* ゆうがた(夕方)	319
* ゆうごはん(夕ご飯)	498
* ゆうびんきょく(郵便局)	846
* ゆうべ[「昨夜」の意味]	847
* ゆうめい(有名)	85

* ゆき(雪)	1058
ゆしゅつ(輸出)・する	1336
* ゆっくり・と	848
ゆにゅう(輸入)・する	1337
ゆび(指)	1338
ゆびわ(指輪)	1339
ゆめ(夢)	849
ゆれる(揺れる)	499

よ

よう(用)	1340
ようい(用意)・する	851
ようじ(用事)	500
* ようふく(洋服)	320
* よく「よく行く」	321
* よく「よくできる」	321
* よこ(横)	1059
よごれる(汚れる)	852
よしゅう(予習)	853
よてい(予定)	1341
* よぶ(呼ぶ)	1060
* よむ(読む)	25
よやく(予約)	854
* よる(夜)	198
よる(寄る)	855
(〜に)よると	1061
よろこぶ(喜ぶ)	1062
よろしい	1342
* よわい(弱い)	1063

ら

* らいげつ(来月)	856
* らいしゅう(来週)	199
* らいねん(来年)	857
* ラジオ	322
* ラジカセ	1343

り

* りっぱ(立派)	858
りゆう(理由)	1064
* りゅうがくせい(留学生)	502
りよう(利用)・する	503
* りょうしん(両親)	859
りょうほう(両方)	1344
* りょうり(料理)	323
りょかん(旅館)	860
* りょこう(旅行)・する	200

る

るす(留守)	861

れ

れい(零)	1345
* れいぞうこ(冷蔵庫)	862
れいぼう(冷房)	1346
れきし(歴史)	1347
* レコード	1348
レジ	1349
* レストラン	863
レポート/リポート	1350
* れんしゅう(練習)・する	864
れんらく(連絡)・する	865

ろ

* ろうか(廊下)	1351

* 표시는 N5

わ

ワープロ	1352
* ワイシャツ	505
* わかい(若い)	1353
わかす(沸かす)	506
* わかる(分かる)	26
わかれる(別れる)	507
わく(沸く)	866
わけ(訳)	508
わすれもの(忘れ物)	1065
* わすれる(忘れる)	201
* わたくし	1354
* わたし(私)	49
* わたす(渡す)	867
* わたる(渡る)	868
わらう(笑う)	509
* わるい(悪い)	324
われる(割れる)	869